거리

거리

고산지 시집

계간문예

| 시인의 말 |

제4시집 《거리》를 출간하면서

죽귀유절竹貴有節이라 했습니다. 대나무는 마디를 귀히 여긴다는 뜻이지요. 속이 텅 빈 대나무는 중간 중간에 마디를 만들지 않으면 3~40m까지 성장할 수 없습니다. 그동안 금강일보에 연재한 칼럼에 실린 시詩의 굳은 살, 마디를 모아 매듭을 만들어서, '거리' 라는 제목으로 네 번째 시집을 상재上宰합니다. 멈춤이 아니라 또 다른 성장을 위한 매듭으로 엮은 이 시집에는 지난 날 밤을 지새우며 고민했던 고통의 마디, 감사와 은혜가 새겨진 사랑의 마디가, 시詩의 마디로 바뀌어 숨 쉬고 있습니다.

'거리' 등 20편 시로 구성된 1부는 생활의 편린片鱗 속에 숨겨진 사랑과 나눔, 그리고 꿈에 대한 이야기로 엮었습니다. '사람' 이란 단어를 모음은 모음끼리 자음은 자음끼리 겹쳐놓으면(해체하면) '삶'이라는 단어가 됩니다. '인간人間'이란 한자어漢字語에 사이 간間자가 들어 있음을 우리들은 간과하며 살아가고 있습니다. 사이가 만들어가는 거리에서 살아가려면, 나누지 않으면, 사랑하지 않으면 살아갈 수 없는 존재가 인간인데도 말입니다. 어우러져 부대끼며 살아가는 사회에서는 힘을 빼고 살지 않으면 조화로운 삶을 영위할 수가 없습니다.

'마중물' 등 20편으로 구성된 2부는 방행方行하는 사람들에게 들려주는 '광야廣野의 소리' 쯤으로 받아 주셨으면 합니다. 좋은 것보다는 좋아하는 것을 찾아 방행하는 사람 대부분은 사랑하기 보다는 사랑받는 데 익숙한 사람들입니다. 세상은 애초부터 공평한 것이 아닌데도, 공평하다는 주장에 매료되어 책임보다 권리를 앞세웁니다. 방조자傍助者이거나 방관자傍觀者가 만들어 낸 레드오션(red ocean)에서 블루오션(blue ocean)을 찾기 위해서는 U-turn을 해야 합니다. 은혜를 깨닫고 회심回心해야만 블루오션(blue ocean)에 눈을 뜨게 되지요. 블루오션(blue ocean)에 눈 뜬 사람들이 만드는 사랑하지 않고서는 견딜 수 없는 그들의 열정으로 세상이 아름답게 변화하지요.

'곰솔의 탄식, 등 20편으로 구성된 3부는 피투성이라도 살아야 한다는 하늘의 음성을 듣고, 껍질을 깨려는 파란破卵의 꿈을 꾸는 사람들에게 들려주는 춤사위입니다. "오늘도 내 일이고/내일來日도 내 일"이기 때문에, 남의 인생이 아닌 나의 삶을 살기 위해서 자유인이 되고자 몸부림치는 절규입니다. 영감의 천정天井에 고인 빛의 비늘이 빗줄기에 묻어서 반짝이는 노래입니다. 때로는 세심천의 지네가 되어 꿈틀거리다가(농다리 籠橋), 석대도石臺島 좌대座臺에 앉아 우는 황새가 되기도 하고, 고리산 기슭에서 한 송이 꽃으로 피어나 삽살개 소리에 귀를 기울입니다.

느릅나무 산발목散髮木 등 15편으로 구성된 4부는 민족의 한을 각기 다른 식물을 통해 노래했습니다. 2014년 8월 15일, 한국문인협회 회원 33인과 함께 백두산과 동북3성에 숨 쉬고 있는 민족의 얼을 찾아서 역사기행을 떠났습니다. 중국이 동북공정이라는 이름으로 역사를 왜곡하고 있는 장군총, 그들은 장군총을 장수왕릉이라고 선전하면서 '고구려 제28대 왕 박물관'을 만들고 있었습니다. 427년 장수왕(長壽王, 394-491/재위 412~491)은 고구려의 수도를 국내성에서 평양성으로 옮겼습니다. 평양성으로 천도한 후 65년(491년 사망)이나 더 살았던 광개토대왕의 아들인 장수왕의 시신을 옛 수도인 국내성으로 옮겨서 장례했다는 역사기록은 아직까지는 발견되지 않고 있습니다. 그런데도 중국은 장수왕이 압록강을 건너와 집안(輯安 국내성)에 묻혔다고 주장하고 있지요. 장군총에서 광개토왕릉으로 가는 길, 수십 그루의 좌우로 늘어선 느릅나무 산발목傘髮木은 망국의 한을 품은 어전시위들의 산발한 모습이었습니다. 그때 쓴 시가 '느릅나무 산발목散髮木' 입니다. 무궁화에 얽힌 민족의 얼을 다섯 번의 연작시로 풀어보았습니다. 나라꽃이 잊혀져가고 있는 시대에, 무궁화를 통해 민족의 정체성을 드러내고 싶었습니다. 역사는, 역사를 기억하는 민족이 기록하는 대하드라마입니다. 졸시가 우리 민족의 정체성을 회복하는데 일조했으면 하는 바람입니다.

이 시집을 위하여 평설을 써 주신 채수영 선생님과 정종명 선생님, 그리고 차윤옥 시인께 감사의 글을 전합니다.

2018년 2월에

고 산 지

■ 목차

1부
거리

2부
마중물

3부
곰솔의 탄식

4부
느릅나무 산발목

제1부

거리

거리

사람과 사람 사이에는
다가서야만 살아갈 수 있는 거리가 있지요

서로에게 다가가서

모음母音은 모음母音 끼리
자음子音은 자음子音 끼리 어우러져

삶이라는 무대를 연출하지요

먹거리를 가진 자 먹거리를 나누고
일거리를 가진 자 일거리를 나누고

근심거리 가진 자 근심거리 나누면서

어우러져 부대끼며
살아가게 되지요

길을 걷다다
낯선 사람 만나면

서로의 거리를 좁혀 가며
필요한 거리를 나누게 되지요

다가가 나누면서
함께 걷는 거리에는

우리들의 꿈이 녹아 있지요
우리들의 삶이 녹아 있지요

* 기記 : '사람' 을 모음은 모음끼리, 자음은 자음끼리 겹쳐놓으면 '삶' 이 된다.

파도타기

나 비록
가진 것 없어도

모든 것 즐기면서
살고 있다네

'괜찮아, 괜찮아' 다짐하면서
거센 세파世波에 몸을 맡기네

바람 불면
바람과 더불어 가고

파도치면
파도에 올라타네

거센 풍랑 두려워
움츠린 사람들

세상 사는 재미
알 수가 없다지만

나 비록
가진 것 없으나

거센 바람 따라
파도에 몸을 싣고

바다 가르는 재미
즐기며 산다네

토기장이 노래

힘 빼라 하네
힘 빼고 살라 하네

힘 준 만큼 힘이 드니
힘을 빼고 살라 하네

한 줌의 점토粘土도
힘을 주면 힘이 드니

힘 빼고 빚으라네
힘을 빼고 빚으라네

빈 그릇 누구나 갖고 있지만
아무나 그 그릇 채울 순 없다며

채우기 위해선 비워야 하나니
만들기 위해선 버려야 하나니

욕심慾心 비우라네
욕망慾望을 버리라네

마음먹기 따라선
세상도 바뀐다며

힘 쓰지 말라 하네
힘을 빼고 살라 하네

사랑의 물 들여놓고

하는 사랑
아무리 무성茂盛타 해도
사랑하다 사랑하다 멈추게 되면
푸른 잎 그대로 떨어집니다

찬 이슬 무서리를 견디어 내고
비바람 땡볕을 감내하면서
정갈한 이파리에 햇볕이 배어들면
천자만홍千紫萬紅 빛깔로 물이 듭니다

사랑 때문에 만나서
우리 서로 사랑을 한다지만
내 마음에 당신이 물들지 않으면
한여름 단명短命한 햇볕일 뿐입니다

고통과 시련을 함께 하면서
거친 손, 잔주름에 밴 미운 정 고운 정
서른여섯 해 우러난 새하얀 뭉게구름
찰진 가을볕에 피어납니다

지나온 모진 세월 주마등 같지만
당신은 내 마음에 사랑의 물 들여놓고
천자만홍 빛깔로 사랑의 물 들여놓고
내설악 단풍으로 타오릅니다

다리

다리橋가 되라며 다리脚를 주었건만
다리는 놓지 않고 벽을 쌓는 사람들

이리 기웃 저리 기웃 양다리 걸쳐가며
편견과 독선으로 담과 벽 쌓고 있네

움켜쥔 사람들, 거머쥔 사람들
다리는 놓지 않고 탐욕을 쌓고 있네

담을 타고 오르는 담쟁이 두려워
쌓아도 쌓아도 부족하기 그지없네

허기진 마음을 주체할 수가 없어
벽과 담 쌓아 가며 앞만 보며 달리네

피곤하고 지친 몸 가눌 수가 없어
달리다 지쳐서 쓰러지고 말았네

외로움과 두려움에 떨고 있는 나에게
당신이 찾아와 먼저 손 내미네

두려워 말라며 나의 손 붙잡고
막힌 담 부수라네, 다리가 되라 하네

사다리 타고서 오르려 하지 말고
험한 세상 다리 되어 나누면서 살라네

나눌수록 커지는 기쁨도 있다면서
다리 되어 소통하며 참된 자유 누리라네

알랑가 몰라

항상 목이 말라
물을 좋아하는
너는, 너는 나를 닮은 줄

알랑가 몰라

타는 목마름 절제 못해
연한 이파리
흠뻑 젖어 짓무른 줄

너는, 알랑가 몰라

새벽이슬 머금은
상춧잎 따서 풋고추에 된장 찍어
쌈 싸먹는 즐거움을

너는, 너는 알랑가 몰라

상춧잎 뜯어낸 생채기
젖 피 흐르면
더 좋은 것으로
채워주는 사랑을

너는 너는, 혹시 알랑가 몰라

등잔불

나, 주 안에서 빛이라

세상을 밝히는
빛의 자녀 되었지만

나 혼자선
선善을 행할 수가 없네

등잔 없인 등불을
켤 수 없듯이

심지 없인 등잔불을
켤 수가 없네

도움없인 아무 것도
할 수 없는 나

'모든 것이 협력協力하여
선善을 이루라'

세미한 음성 듣고
깨닫기까지는

세상을 밝히는
빛의 자녀 되었지만

나 혼자선 빛을
밝힐 수가 없네

사랑

믿음의 시루에

소망의 콩을 심고
사랑의 물을 주네

물은 흘러내리는데

떡잎으로 변한 콩
생명을 얻었네

사랑의 힘으로
생명을 얻었네

믿음, 소망, 사랑이
기적을 일구는데

그 중에 제일은
사랑이라네

사랑이라네

꿈夢

가난 때문에 체념하지 말라네
환경 때문에 좌절하지 말라네
체념하지 말고 꿈꾸면서 살라네
좌절하지 않고 꿈을 꾸며 살라네
꾸는 꿈의 크기만큼 빌려 줄 테니
누리며 살라네, 믿음으로 살라네
믿음의 옷을 입고 미래를 차용借用하여
누리면서 살라네, 바라보며 살라네
생활 속에 배인 체념, 소망으로 걷어내고
삶 속에 찌든 좌절 꿈으로 바꾸면서
사랑하며 살라네, 나누면서 살라네

경음화硬音化된 사랑 노래

꿈꾸라네
꿈꾸면서 살라네

가진 끼 끌어내어
최선最善을 다하면서

끼 꺼내 앞세우며
깡으로 살라네

깡만으론 부족하니
바라보며 살라네

꾀 있는 사람에겐
방향이 먼저라며

깡으로 살기 전에
먼저 바라보라네

사람다운 사람으로
좋은 꼴로 거듭나서

폼 나게 살라네
신명나게 살라네

어떤 환란 속에서도
믿음의 끈 놓지 말고

끈답게 살라네
사랑하며 살라네

감쪽같은 사랑

때 따라 비 내려
무성한 고욤나무

앙증맞은 실과들이
지천에 열렸네

땡볕에 길들여진 맛
어찌 할 수 없더니만

잎 떠난 후 내린 서리
홍시가 되었네

"고욤 일흔이
감 하나만 못하다"며

거북등 같은 나의 몸에
접칼을 들이대

연한 순 심어놓고
사랑으로 칭칭 감네

삼복三伏 염천炎天 비바람을
은혜인 양 견딘 가지

주렁주렁 맺힌 열매
단감이 열렸네

감쪽같은 사랑으로
다디 단 감 열렸네

지화위귤枳化爲橘

나는 가시 많은 탱자나무
두꺼운 껍질 쌉싸름한 신맛

까칠한 가시로
상처받은 사람들

나를 멀리하더니
내게서 떠나가네

수액樹液이 오르고
탱자순筍 터지던 날

바탕나무 되라는
하늘 소리 들었네

혁신하지 않으면
거듭날 수 없다며

뿌리, 등걸 남기고선
모든 걸 바꾸라네

당귤나무 접순接筍을
초봄에 채취하여

신문지에 싸서
냉장하기 한달 여

내 몸에 칼집 내어
접순을 집어넣고

중생의 삶 살라네
좋은 열매 맺으라네

당귤나무 가지에
흐르던 진액津液

탱자나무 수액을
사랑으로 바꾸니

새콤달콤 과즙에
좋은 맛 우러나

세상의 모든 염려
저만치 달아나네

그늘

피곤하고 지친 사람 그늘 찾지만
편히 쉴 그늘이 세상에 없네

가난과 질병으로 고통받은 사람들
위로받을 그늘 세상에 없네

삼복염천三伏炎天 무더위에 그늘 찾지만
엄동설한嚴冬雪寒 막아 줄 그늘 찾지만

무더위 가려줄 그늘이 없네,
설한풍雪寒風 막아 줄 그늘이 없네

사랑이 메마르자 인정人情도 메말라져
사람들은 서로에게 그늘 되기 싫어하네

그늘 없는 사람에겐 사랑 또한 없어설까
외면外面하고 무시無視하고 서로를 경멸하네

병든 자者 목마른 자者, 가난하고 약한 자者
그늘 되기 위하여 하늘보좌 버린 당신

피곤하고 지친 자者, 안식을 주리니
세상이 줄 수 없는 평강을 주리니

무거운 짐 내려놓고 내게로 오라 하네
당신의 품 안에서 평강을 누리라네

서로에게 그늘 되면 평강의 순筍이 돋고
서로를 의지하면 사랑의 숲이 되니

십자가十字架 그늘 아래 안식 누리라네
십자가十字架 숲에서 평강 누리라네

사랑다운 사랑

물은 물이로되 물다운 물이 없네
예나 지금이나 똑같은 비 내리는데

넘쳐나는 홍수에 마실 물 없어서
타는 목마름 어찌할 바 몰라 하네

사랑은 사랑이로되 사랑다운 사랑 없네
유행가 가락 속엔 사랑이 넘치는데

지천에 깔린 것이 사랑이라 하는데
외롭고 허전한 맘 가눌 길이 없네

마실수록 목마름 더해지는 이치를
움켜쥐면 멀어지는 사랑의 원리를

소음 속에 묻혀 버린 세미한 음성을
사람들이 듣지 못해 세상은 모르네

하늘 보좌 버리고 성육신 하신 당신
당신은 날 더러 사랑을 나누라네

나눌수록 넘쳐나는 생수가 있으니
나눌수록 커지는 사랑이 있으니

먼저 손 내밀고 먼저 나누라네
네가 먼저 사랑하고 네가 먼저 나누라네

허물

허물 때문에 괴로워 말게나
허물은 벗는 것
벗겨지는 것
벗고 나면 그 자리에 새 살이 돋는데
허물도 벗지 않고 자책하지 말게나
아직도 할 일 많은 세상이라네
아직은 아름다운 세상이라네
허물을 벗지 않고 자책함이 허물이니
허물 때문에
허물 때문에 괴로워 말게나

보시기에 좋은 사랑

보는 기쁨 누리라며 좋은 것 주었는데
하는 삶에 길들여져 누릴 수가 없었네
좋아하는 삶을 찾아 오늘도 빨리빨리
마음만 분주하고 생각이 앞서가니
직성은 풀리지 않고 나만 홀로 허둥대네
이제 그만 쉬엄쉬엄 보는 기쁨 누리는 삶
보시기에 좋은 것 좋은 것을 바라보네
천지만물 모든 현상 좋은 것만 바라보네
인정하고 배려하고 바라보는 시선 속에
기쁨이 충만하고 감사가 충만하자
좋은 것만 드러나네, 좋은 것이 드러나네

기도祈禱

먼동에 태어난
언어言語의 날갯짓

작은 파동이

종탑에 걸린
십자가를 떠나

바람을 타고 날아갔다

산 넘고
물 건너
광야廣野를 지나

절망의
거친 바다를 가르더니

끝내는
파도가 되어
파도가 되어 돌아왔다

너울에 부서져

모래가 된
내 영혼의 사장沙場을
흠뻑 적셔 버렸다

연鳶

나 혼자서는 날 수가 없네
바람에 곤두박질 뒹굴고 말았네

내 힘으로는
내 힘으로는 일어설 수 없네

지쳐서 쓰러진 나에게 들리는
당신께 매달리란 세미한 음성

연줄에 매달려서
솟구치라 권면하네

누림은 누리는 사람의 몫이라며
하늘 나는 자유, 누리라 권면하네

탱탱한 연줄에 매달린 나
바람을 가르며 창공을 날았네

모든 염려 맡기고 누리는 자유
팽팽한 연줄에 나를 맡기네

구속救贖의 연줄에 평강이 흐르자
사랑의 희열이 나를 감싸 안았네

자유自由

기분 좋다 하면서 나눌 줄 몰랐네
받는 것 좋아할 뿐 나눌 줄 몰랐네

조금만 불편해도 나눌 기분 아니라며
조금만 손해 봐도 기분 나빠했었네

당신은 생명을 값없이 주셨는데
당신은 사랑을 값없이 주셨는데

값없이 주신 사랑 당연하다 생각했네
값없이 주신 은혜 잊고 살았네

세상이 날 더러 움켜쥐고 살라기에
나눌 기분 아니니 짜증내며 살라기에

사촌이 논을 사면 배 아파 외면하고
남 잘 되는 꼴 보기 싫어 기분 나빠했었네

욕망의 밧줄이 나를 동이고
짜증과 원망으로 나를 묶었네

지치고 허기진 나를 찾아와
“세상 사는 재미를 모르는구나” 하신 당신

“빚 갚는 재미가 쏠쏠하다” 하신 당신
은혜의 빚, 사랑의 빚 갚으면서 살라하네

거저 받은 사랑이니 기분 좋게 나눠주고
거저 받은 은혜이니 감사하며 나누라네

“돈 벌어서 남 주나” 세상은 말하지만
“남 주기 위해 돈을 벌라” 하신 당신

“돈 벌어서 남 주라”는 당신의 뜻을 따라
기분 좋게 나누네, 감사하며 나누네

욕망의 동아줄이 터지기 시작하네
짜증과 원망이 끊기면서 누린 자유

나눔으로 나눔으로 자유 얻었네
빚 갚는 재미 누리며 자유 얻었네

버팀목

나 비록 가난하지만
남의 것 탐하고 싶지 않네

넉넉지 못한 내 삶 떼어
이웃과 나누면서 살고 싶네

함께 먹고 함께 마시면서
함께 웃고 함께 울면서

내 고통 그대의 위로가 되고
나의 꿈 그대 희망이 되고 싶네

나 비록 가난하지만
그대 버팀목 되어

설레는 마음으로 바라보며
그대 부족함 채워 주고 싶네

제2부

마중물

마중물

당신은 내 마음에 관정管井을 심어놓고
작두펌프 설치하여 펌프질을 하라 하네

펌프질을 할 때마다 심층수가 올라오고
펌프질을 할 때마다 생명수가 솟아나네

퍼내어도 줄지 않는 상선약수上善藥水 아니던가
나눌수록 넘쳐 나는 화수분이 여기 있네

당신은 날 더러 나누라네, 전하라네

목마른 사람에게 육각수를 나눠주고
메마른 이웃에게 복된 소식 전하라네

당신이 떠나가자 나른함이 찾아 왔고
나른한 맘 나태해져 편리함만 추구했네

편하고 싶어 하니 펌프질은 하기 싫고
이윤을 생각하니 나눠 주긴 더욱 싫네

잊혀져간 작두펌프 녹이 슬어 멈춰섰네

햇볕을 너무 받은 마음밭은 갈라지고
갈기갈기 찢겨져 살이 트고 피 흐른 날

당신은 찾아 와서 나의 손 붙들고서
펌프 자루 잡으라네, 펌프질을 하라 하네

겉도는 펌프질에 맥이 빠진 나를 위해
마중물로 오신 당신, 마중물이 되어 주네

펌프질을 시작하니 생명수 넘쳐 흘러
찢긴 맘 치유되고 나의 영혼 살아나네

당신은 날 더러 나누라네, 전하라네

목마른 사람에게 육각수를 나눠 주고
메마른 이웃에게 복된 소식 전하라네

우리들의 영웅

합력하여 선善을 이루는 행위는
불편함을 감수하는 의로운 행위지요

부정不淨타고 주검을 방치한다면
부패된 시신으로 불편하기에

부정不淨탐을 감수하고 불편함을 감수하고
합력하여 장례를 치르는 것이지요

장례에 참가한 부정탄 사람들

정淨하게 보관한 붉은 암소 태운 재
흐르는 물에 풀어 우술초로 뿌리면

정결하게 되지요
거룩하게 되지요

부정탄다 더럽다고 외면하는 사람들
자신은 의롭다고 주장들 하지만

부정탐을 감수하고 불편함을 감수하고
공동체 선善을 위해 희생하는 사람들

협력하여 선을 이루어 가는
우리들의 진짜진짜 영웅이지요

소망所望

필요必要한 것, 내 알고 있으니
원願하는 것, 이미 알고 있으니

그냥 바라 보라하네
바라만 보라네

원願하는 것 구求하면서
바라보지 않는 나를 향해

바라보지 않는 것은 교만驕漫이라네
쳐다보지 못한 것은 죄악罪惡이라네

원願하는 것 있거들랑
먼저 움켜줘라고
세상은 끊임없이 유혹하지만

당신은 말씀하네
말씀을 하네

바라만 보아도 채워 줄 테니
바라만 보라네, 바라보라네

원願하는 것 내 알고 있으니
그냥 바라 보라네
바라보라네

환희歡喜

기다림이었네
설레임이었네
뜨거운 기운氣運의 분출噴出이었네
세상사世上事
마음먹기 나름이라기에
마음먹고
당신을 품어보았네
전율戰慄이었네
경이로움이었네
세상과 바꿀 수 없는
평안平安이었네
당신이 내게 준 선물이었네

인생人生

하면 된다 할 수 있다 말들 하지만
하는 것과 되는 것을 구분하지 못하네

하다 보면 되는 게 세상 일 아니냐며
바로 보지 않고서 달리고 또 달리네

하면 된다 할 수 있다 큰 소리 치면서
보지 않고 달려가다 넘어지는 사람들

바라보며 일을 해야 이룰 수가 있는데
일어서도 보지 않고 자포자기하고 마네

바로보지 않고서는 이룰 수 없는데
바라보며 일을 해야 이룰 수 있는데

바라도 보지 않고 달려가는 사람들

하면 된다 할 수 있다 부추기면서
끊임없이 세상이 달아오르네

하면 된다 할 수 있다 말만 믿고서
보지 않는 사람 때문에 달아오르네

덧셈인생

세상은 날더러 움켜쥐라네
손해보지 않으려면 움켜쥐라네

움켜 쥐면은 줄어드는데
움켜만 쥐면은 작아지는데

받기만 좋아하고 주기는 싫어하는
주지 않는 받음은 뺄셈인 줄 알면서

움켜쥐라 움켜쥐라
세상은 유혹하네

움켜쥔 세상 만족할 수 없는 세상
움켜는 쥐었는데 불안하기 짝이 없네

움켜쥔 주먹으론 상처를 내고
움켜쥔 주먹으로 파괴를 하는

때리고 부수는 싸움 밖에는
주먹 쥐고 다른 일은 할 수가 없네

주먹을 펴지 않곤 누릴 수 없어
주먹을 펴기 위해 버리기 시작하네

움켜쥔 것들을 버리는 날 더러
버리지 말고 나누라고 하신 당신

가진 것 모두 당신 앞에 내려놓고
범사에 감사하며 자족하며 나누라네

덧셈인생 살려거든 십자가를 지고서
십자가 대신 지고 나누면서 살라하네

나눌수록 더해지는 은혜를 주리니
나눌수록 커지는 감사를 주리니

가진 것 내려놓고 자족하며 살라하네
범사에 감사하는 덧셈인생 살라하네

살아가는 법

세상은 애초부터 공평한 게 아닌 것을
공평하단 속삭임에 귀가 멀어 따라갔네

절로 흘러가는 물길, 둑이 있고 담이 있어
둑 때문에 담 때문에 흐를 수 없다면서

굽이굽이 도는 길은 생각지 않고서
짜증내며 불평하는 목소리만 키웠네

모일수록 부풀려져 가벼워진 언어로는
목마름과 허전함을 해결할 수 없었네

가질수록 갖고 싶은 허기진 욕망을
멈출 수 없었네, 채울 수가 없었네

세상은 애초부터 공평한 게 아닌 것을
사람들은 잊고 있네, 세상이 잊고 있네

나눌수록 커지는 기쁨과 즐거움
나눌수록 작아지는 슬픔과 고통을

너와 나 우리 되어 누리면서 사는 법
세상은 잊고 있네, 사람들이 잊고 있네

부대끼며 어우러져 견디면서 사는 법을
들어 주고 배려하며 사랑하며 사는 법을

사모곡思母曲 * 4

'이게 뭐야' 신기한 듯 묻는 아이
엄마는 정성스레 아이에게 설명한다

'이게 뭐야' 몇 번이고 다시 묻지만
엄마는 웃으며 몇 번이고 대답한다

돌아서면 '오늘이 며칠이냐' 묻는 엄니
늙은 아들 귀찮은 듯 '29일이요' 대답한다

돌아서면 '오늘은 교회 가냐' 소리에
늙은 아들 퉁명스레 '목요일인데 무슨 교회요'

낮은 곳 향하여 흘러가는 사랑이라
사랑 또한 권리權利인 양 주장하는 사람들

높은 곳 향해서는 흘러갈 수 없다면서
그 사랑 변질시켜 율법으로 치환置換했네

받은 만큼 주는 것이 세상의 거래去來인데
받은 사랑 되팔아서 책임 의무 지는 사람

책임責任으로 바꾼 사랑 의무義務로 바뀐 사랑
사랑이 아니라네. 사랑은 아니라네

책임, 의무 불 태워서 임계점臨界點을 통과해야
기氣로 변한 바람으로 천지소통 할 수 있네

성령聖靈으로 환원還元하는 예수사랑 회복해야
역류逆流하는 사랑 타고 천상천국天上天國 볼 수 있네

고백告白

하고픈 일 하고 싶어 해야 할 일 하지 못한
집어등集魚燈에 모여든 주행성晝行性 인간들

탐욕貪慾을 채워주는 선생은 찾으면서
사명使命을 이끌어 줄 멘토는 외면하네

흙에서 태어나서 흙으로 돌아가는
무성한 이파리도 때가 되면 떠나는데

천만 년 살 것인 양 이것저것 넘보며
'– 때문에' 이유삼아 불평불만 쏟아내네

"언제 어디서나 말씀을 전파하며
오래 참음과 가르침, 경책하며 경계하라

진리를 돌이키는 허탄한 말, 귀를 막고
고난 중에 신중하며 선한 싸움 싸우라"

말씀이 살아나와 나의 영혼 흔드네

무식한 변론에서 다툼이 생겨나고
절제하지 못하면 올무에 걸리는 법

비방하고 조급한 자 경건능력 부인하니
정욕을 피하고 교만 떨지말라네

온유함을 무기로 거룩함을 지키며
정결한 마음으로 주님만을 사모하네

나를 위해 예비하신 면류관을 바라보며
나의 삶 전부를 제단 위에 올려놓네

생명의 포도주를 남김없이 바치네

부엉이

부엉이 바위에서
부엉이가 떨어졌네

칠흑 어둠 속에서도
날개를 푸덕이며

생각의 간극을 좁혀 보고자
세상을 바꾸려던 노랑 부엉이

이 땅의 배아픔을 치유하고자
어둠 속을 날아오른 바보 부엉이

세상의 잔인함에
발목이 잡히더니

몰염치에 꺾인 의지
짐이 되고 말았네

아직은 어둠이 깨지지 않았는데
아직은 먼동이 밝아 오지 않았는데

꺾인 날개 푸덕이며
바위에서 떨어졌네

부엉이 바위에서
부엉이가 떨어졌네

방관자傍觀者

불편해서 외면하는 당신은 방관자傍觀者
두려움에 숨죽이는 당신은 방조자幇助者

두려움 때문에 행동하지 않는 양심
그들의 양심 때문 세상이 혼탁하네

동참하지 않으면 우리 모두 방관자
행동하지 않으면 우리 모두 방조자

불편하고 두려워 모르는 척 외면하면
당신은 방관자, 죄를 범한 방조자

방관하는 양심 때문 소문이 확산되고
거짓이 사실로 변질되는 사회에서

막연한 소문이 뉴스로 포장되어
소문이 진실처럼 횡횡하고 있다네

동참하지 않으면 우리 모두 방관자
행동하지 않으면 우리 모두 방조자

불편하고 두려워 모르는 척 외면하면
당신은 방관자, 죄를 범한 방조자

행동하지 않는 양심 죄악을 조장하고
동참하지 않으면 변화시킬 수가 없네

불편함을 감수하고 두려움을 극복하여
세상을 바꾸라는 하늘소리 무시하면

당신은 방관자
죄를 범한 방조자

U-turn

아직은 이른 시간
차의 흐름이 원활하다
앞차의 꽁무니를 물고
강물처럼 흐르는 자동차의 행렬
장강의 뒷 물결이
앞 물결 밀어내듯
보이지 않는 벨트에 실린
사내는 달음박질친다

서두르면서 오늘도
시간 속에 숨겨진 세월을 낚아 보지만
잡힐 듯 잡힐 듯 잡히지 않는
초조함이 만들어낸
골 깊은 주름살엔
조급함이 배어있다
다급함이 묻어난다

뒤돌아보면서
돌이켜야 했는데
돌이키기엔 너무 늦었다며

자책하는 사내의 하얗게 센 머리
마주 오는 자동차의 전조등 불빛이
시야를 가리고 경적이 울린다

'늦었다는 생각이 들 때가
가장 빠른 때' 라는 생각과 함께
유턴 표지판이 눈앞에 들어오자
서둘러서 핸들을 꺾고 있는
사내의 눈동자에 고인 회한의 눈물이
볼을 타고 흘러내렸다

해인삼매海印三昧

절로 흘러 찾아온다기에 거절하지 않았네
더렵혀진 탁류濁流를 외면하지 않았네

솟구치고 싶은 본능 자제할 길 없어서
울부짖는 파도도 그대로 두었네

염천炎天의 뙤약볕에 모락모락 피어올라
구름이 된다 해도 붙잡지 않았네

세상 번뇌煩惱 어우러져 난장亂場이 된다 해도
바다는 바다는 꿈쩍하지 않았네

온갖 상념想念 달아올라 구름장을 타고 올라
광풍狂風으로 몰아치네, 비 구름이 몰려오네

성냄도 부끄러움도 불안함도 두려움도
한줄기 비가 되어 쏟고 나니 개운하네

파란 하늘에 생각을 담구었네
바람 잔 바다, 바다가 나를 보네

맑은 바다에 마음을 비쳐 보니
마음이 찍혔네, 마음을 찍었네

Blue Ocean

나 드러내기 위해
너 이용해야 하는

격랑激浪의 파고波高 넘실대는
핏빛 바다에서

"나야 나" 소리치다
넘어지고 말았네

어찌할 바 모르는
나를 찾아와

나의 손 붙들며
"걱정 말라" 하신 당신

네가 아프면
함께 가슴 아리고

네가 슬프면
함께 눈물 흘리면서

"너야 너" 격려하며
의지하며 살자네

네가 우리 됨에
감사하며 기뻐하며

격랑激浪의 파도波濤
손을 잡고 타고 넘네

너와 나 우리 되어
늘 푸른 바다 항해航海하네

회심가回心歌

당신이 세상을 이처럼 사랑하사
육일 동안 정성들여 좋은 것만 주셨는데

우리들은 어리석어 남의 말에 솔깃하고
좋아하는 것에 집착執着하여 좋은 것을 잃었네

야바위꾼 눈에는 속임수만 보이고
정치꾼들 눈에는 이권利權이 보이네

장사꾼 눈에는 거래去來만 보이고
재주꾼 눈에는 이름 명名이 보이네

날고 기는 꾼들 모여 난장難場을 벌이는데
아는 척 있는 척 모두가 도사道士라네

내 것은 주기 싫고 네 것으로 하자면서
옳은 일 좋은 일은 내가 한다 법석이네

나는 열사烈士, 나도 천사天使, 내가 의인義人이라면서
눈 가리고 아웅 하는 너도 나도밤나무들

일 하는 척 하는 자와 나눠주는 척 하는 놈들
지옥地獄으로 가는 길도 천국天國으로 포장하네

보지 못해 듣지 못해 환각幻覺 환청幻聽 쫓다 보면
생활이 무너지고 인생까지 망가지네

돌이키세 돌이키세, 늦기 전에 돌이키세
잘못됐다 말만 말고 지금 즉시 돌이키세

방행사회方行社會

세상에 십자가 그리도 많지만
내 몸처럼 사랑하란 예수는 보이잖네

처처불생 선포하는 불타의 설법에도
자비가 사라지고 보시布施는 보이잖네

피리를 불어도 춤을 추지 않는 세상
애곡哀哭을 하여도 슬퍼하지 않는 사회

제사장은 많은데 지식인은 많은데
너도 나도 밤나무 법法대로 만 판단하네

귀찮고 성가신 일 얽매이기 싫어서
바쁘다는 핑계로 참여하지 않으면서

사촌이 논을 사면 배가 아픈 사람들
가난한 자 부추기며 쌍심지를 세우면서

너도 나도 의인義人이라 자랑하고 있지만
자기의自己義 드러내는 위선자僞善者들 뿐이네

주린 자 목마른 자 음식을 대접하고
병들고 헐벗은 자 돌본 소자小子 어디 갔나?

다투지도 아니하고 들레지도 아니하며
상한 갈대 품어주는 착한 사람 어디 갔나?

선한 사마리아인人 사라진 거리에는
자기의自己義 드러내는 인간들만 방행方行하네

불광불급不狂不及

맨 정신으로 살아가긴 너무나도 험한 세상
미친 개 미친 소 길길이 날 뛰더니

유행하는 구제역口蹄疫에 돼지 목숨 파리 목숨
살殺처분 미명 아래 양돈업자 도산하고

조류독감 몸살 앓자 생매장生埋葬된 오리 닭들
문 닫는 치킨 집에 양계농이 사라지네

의기소침 안절부절 너무나도 힘든 세상
원통함과 두려움으로 뒤숭숭해 험한 세상

미치지 않고서는 살아갈 수 없는 세상
미치지는 못해도 포기할 수 없는 세상

끼리끼리 어울려서 미쳐보면 미치나니
끝장을 볼 때까지 미쳐가며 사는 세상

미치지 않고서는 미치지 못하나니
하고픈 일 찾아가며 함께 미쳐 사는 세상

좋아서 미쳐보고 흥겹게 미쳐보고
즐겁게 미쳐보고 신명나게 미쳐보고

미치는 그 날까지 우리 함께 미쳐보세
신명나게 미쳐보세, 기분 좋게 미쳐보세

사랑하기 위하여

사랑하라 사랑하라
구속救贖을 했는데

사랑받을 자격있다
교만驕慢 떨었네

가난한 자者 아픔을
외면外面함도 모자라

병病든 자者 약弱한 자者
무시無視 했었네

사랑하지 않고서는 견딜 수 없어
사랑하라 사랑하라 사랑하라네

사랑받기 위한 사람
세상에 넘치는데

사랑하는 사람은
세상에 부족하네

사람들은 모두들
사랑받기 원願할 뿐

사랑하는 일에는
인색吝嗇하다네

사랑하지 않고서는 견딜 수 없어
사랑하라 사랑하라 사랑하라네

두려움 떨치고
길을 떠났네

사랑하기 위하여
길을 떠났네

상처傷處 준 당신을 미워할 수 없었네
고통苦痛 준 당신도 비난할 수 없없네

사랑하지 않고서는 견딜 수 없어
사랑하라 사랑하라 사랑하라네

은혜恩惠

사랑 받고 사랑 하니

받음이 먼저네
은혜가 먼저네

용서 받고 용서 하니

받음이 먼저네
은혜가 먼저네

본을 받고 따라 하니

받음이 먼저네
은혜가 먼저네

받음이 먼저인데
받은 줄 모른 사람

은혜를 모르니
감사 또한 모르네

세상의 모든 인과因果
받음이 먼저라네

은혜가 먼저라네
감사가 먼저라네

광화문 광장

손 마른 사람 손잡기 싫어하고
마음 마른 사람 눈 맞추기 싫어하네

꺾이지 않으려고 흔들리는 세상 보며
잡아주지 않으면서 흔들린다 하는 세상

보고싶은 것만 바라보는 사람들
듣고 싶은 것만 듣고 세상 탓 하고 있네

소통하지 않는다며 삿대질 하면서도
상대방 인정하는 배려는 하지 않네

자기 만이 정의라는 독선이 난무하고
상대방을 희화戱畵 하는 독설毒舌에 열심이네

사랑없는 광장에서 사랑하자 외친 소리
거리의 소음되어 허공으로 사라지네

제3부

곰솔의 탄식

곰솔의 탄식

껍데기는 가라구요

때가 되면
자연스레 헤어질 텐데

야박하게
그리 말 하지 말아요

내 연한 속살

염천炎天의 무더위와
엄동嚴冬의 설한풍에

거북등처럼 투박하게 갈라졌지요

만경평야 뒤덮던 깃발이
선홍빛 동백으로 피어나고

금남로를 가득 메운 아우성
의식 속에 아직 살아있는데

껍데기는 가라구요

살아남는 자
부끄러움에 껍질을 벗겨내면
아문 상처 덧이 나 피 흘리는데

껍데기는 가라구요

세월이 가면 껍데기 떨어지고
그대 껍데기 되어 바람막이 될 텐데

나의 거친 손 그대와 다르다고
껍데기는 가라구요

껍데기는 가라구요

파란破卵의 꿈

소리, 소리였네
어둠을 깨뜨리는 소리였네

남의 꿈에 끼어들어 잠이 들지 말라며
어둠을 깨뜨리는 소리였네

웅크리고 누워서 발버둥 쳐도
남이 꾸는 꿈은 내 꿈이 아니기에

깨지 않는 꿈은 꿈이 아니라기에
혼신의 힘을 모아 껍질을 쪼았네

굳어진 껍데기가 너무 딱딱해
쪼아대는 부리에 피멍 들었네

희미한 소리, 당신의 음성이
금이 간 껍질 따라 빛과 함께 들렸네

껍질을 제치고 머리를 내밀자
당신은 나를 품고 입을 맞추네

품고서 입 맞추며 속삭이는 소리, 소리

피투성이라도 살아라
피투성이라도 살아라

살아서 꿈을 꾸며 스스로 꿈을 깨는

빛이 되어 살아라
자유인自由人이 되어라

친구 * 2

해닥사그리 한 친구 그리워
청계천 뒷골목 찾아갔네

우럭우럭한 그 모습
소주잔에 띄어놓고

지난날 함께 마신 정겨운 유희遊戲
간잔지런 그 얼굴 눈에 선하네

거나하게 취한 그는 얼근덜근 거리네

어깨동무하고서
골목길을 걷던 친구

해말간 그 친구
지금은 볼 수 없네

시신屍身을 기증한 후
장례葬禮조차 거절했네

그가 쓴 시詩만 남아
술잔 위를 넘실대네

* 기記 – 필자와 함께 동인활동을 했던 박영웅 시인이 암으로 소천한 지 몇 년이 지났다. 긴급조치 9호 위반으로 함께 보안사와 정보부의 내사를 받았기에 내게는 더욱 각별한 친구다. 그런 그가 장례식도 치르지 않고 시신을 대학병원에 기증하고 세상을 떠났다. 소천하기 5일 전 요양병원에서 본 그의 얼굴은 그토록 평화로울 수 없었다. 그와 함께 청계천을 휘젓던 그때가, 그때가 그립다.

거울

나, 거울이고 싶네

숱한 사물 거부하지 않고
보는 대로 보여주는 거울이고 싶네

나, 거울이고 싶네

셀 수 없는 시간 가리지 않고
묵묵히 수용하는 거울이고 싶네

나, 거울이고 싶네

좌로나 우로나 치우치지 않고
있는 모습 그대로 품어주는 거울이고 싶네

티 없이 맑은 명경지수이고 싶네

바람

바람 길 만들어 바람 잡는 사람들
바람을 이기려고 바람 잡고 있지만
바람이 잡히잖아 안간힘 쓰고 있네
거스르지 않으면 바람 탈 수 있는데도
탐욕에 눈 어두워 헛다리 짚고 있네

붙잡을 수 없다면 쫓아가야 한다네
바람 따라 가다보면 바람을 탈 수 있어
바람 안고 힘을 빼면 바람을 탈 수 있어
바람을 관찰하며 바람 불기 기다리네
바람을 이루고자 바람 불기 기다리네

맛

보글보글 끓는
우리네 된장국

거품을 거둬내야
제 맛이 나는데도

배고프단 이유로
거품째 먹는다면

깊은 맛을 알 수 없네
된장 맛을 알 수 없네

맛을 내기 위해서
필요한 거품

맛 내고 나면
스러지는데

거품을 맛이라
착각하는 사람들

거품을 쫓다가
거품처럼 사라지네

하늘벌레의 꿈夢

－ 유충幼蟲의 노래 －

눈을 뜨고 사방을
바라보아도
보이는 건 어두운
벽壁 뿐이네

살아남기 위하여
알벽을 갈아먹고
살아남기 위하여
잠이 들었네

" 사랑한다 사랑한다 사랑한다 아들아 "

잠결에 들려오는
소리 있었네

알 수 없는 에너지가
나를 감싸네

혼신의 힘으로
알 벽을 밀어내자

깨진 알 벽 사이로
들어오는 환한 빛

어둠은 사라지자고
빛의 자녀 되었네

뽕잎을 갉아먹고 잠이 들었네
은혜의 뽕잎 먹고 잠이 들었네

허물이 벗겨지고
연한 속살 돋아나는

누에 잠 자던 날
들리는 음성

"꿈 없는 삶이란 주검이라며
깊은 잠 들지 말고 꿈을 꾸라네"

– 성충成蟲의 노래 –

얼비친 익은 누에, 고치를 치네
명주실을 뽑아서 고치를 치네

은혜의 실로 만든 아름다운 고치집

바늘 귀보다 작은 구멍을 만들고
고치집에 누워서 잠이 들었네

잠결에 들려오는 세미한 음성
가슴을 울리는 하늘가락이었네

“빛 속에 살면서도 은혜恩惠인 줄 모른 사람
 만나를 먹으면서 감사感謝할 줄 모른 사람
 널부러져 세상에 가득하니
 고치 집을 떠나라
 날갯짓을 하여라
 하늘 나는 축복祝福을 네게 줄 테니
 날갯짓 펄럭이며 우화등선羽化登仙 하여라”

피리

늘 푸를 줄 알았네

산들바람
살갗을 간지럽히고

아침 햇살
대숲 사이사이에 끼어드는

평화 계속될 줄 알았네

비바람 몰아치던 어느 날
당신이 찾아와 나를 잘랐네

뜨거운 증기蒸氣로
나를 삶더니

그늘에서 건조한 내 몸에
구멍을 뚫었네

가늘게 꼰 새끼줄로
가슴 속 묻은 때 벗겨내고

모난 면面
사포질로 다듬기를 수천 번

나는 당신의 소리를 내는
울림통이 되었네

당신의 축복을 전하는
통로가 되었네

사명使命

누구나 사람들을 위한다 하면서도
법대로 율법대로 판단하고 제단하네

법대로 율법대로 살아가는 사람들
법이 곧 정의이고 선이라 주장하네

누구나 사람들을 위한다고 하지만
누구도 사람들을 위하지 않는다네

법대로 율법대로 세상을 살다 보면
율법에 구속되어 죄인으로 화化하나니

법으로 구별하고 율법으로 차별하는
두려움과 공포가 세상을 지배하네

율법에 길들여져 살아가는 삶이란
보이는 것에 대한 남의 눈이 두려워서

보여 주기 위해서 익숙함에 길들어진
위장된 선이라네, 회칠한 선이라네

남을 위해 일 한다고 말하는 사람들

구별하고 차별하며 자기의自己義 드러내며
자기만을 위하여 우상을 만들었네

위선과 탐욕이 땅 위에 가득하자
소외되고 약한 자, 천대받은 가난한 자

피보다 진한 눈물, 하늘 보좌 움직였네
하늘의 한 의義가 세상에 내려왔네

낮은 곳에 임하사 속죄양이 되신 예수
나를 위해 십자가 산 제물이 되었다네

나의 죄 구속코저 대속 제물 되신 당신
누리고 누리라네, 구원함을 누리라네

받은 은혜 누리며 세상 속에 뛰어들어
복된 소식 전하라네, 땅 끝까지 전하라네

습관 習慣

나에게는 죽는 날까지 동행해야 하는
친구가 하나 있습니다

그림자처럼
한 시도 떨어질 수 없는
인생의 동반자입니다

삶을 윤택하게 만드는 디딤돌이지만
때로는 앞길을 가로막는 걸림돌입니다

결단과 의지력에 힘입어
성공의 동력이 되기도 하지만
때로는 나를 파멸로 이끌기도 합니다

나의 통제 아래 있는
근육과 총명은 갖추었으되
분별력이 없는 나의 친구는 로봇이 아닙니다

분별력이 없기에 올바른 방향으로
친구를 길들여야 하는 사명이

내게 주어졌습니다

단호하게 통제하며
길들여진 친구와 함께
남들이 가지 않는 길을 지금 가고 있습니다

당신은 날더러

오늘이 오늘이고
내일來日도 오늘이네

매일 오는 오늘을
뉘라서 막을쏜가

오늘도 내 일이고
내일來日도 내 일이니

네 일 아닌 내 일이니
내 일같이 일 하라네

일 하면서 즐기라네
즐기면서 일 하라네

바닥짐

무거운 짐을 지고 걸어가는 인생 길
짐 때문에 곤고困苦하다 탓하지는 말게나

바람 불고 풍랑 일면 흔들리는 인생 길
바닥짐이 아니라면 뒤집히고 만다네

십자가 지기 싫어 곁눈 팔지 말게나
사명使命의 짐 지기 싫어 외면하지 말게나

말씀을 부여잡고 십자가 등에 지면
폭풍우 몰아쳐도 흔들리지 않는다네

믿음으로 설계하고 소망所望으로 용접하여
사랑으로 건조한 삶, 창파滄波에 배 띄우면

말씀의 바닥짐이 평형수平衡水가 되나니
우리 모두 어우러져 십자가十字家 함께 지세

바다

바람에 흔들리면
나는 바람이다

기척 없이 날아와
메아리만 남기고 사라지는
갈매기다

찰랑대는 물결
결마다

가쁜 숨
몰아쉬며
토해내는 격랑이다

때리고 때리다

마침내 부서져
사라진 포말이다

뜨거운 태양을
감당할 수 없어

빙빙 돌다가
몰아치는 격정이다

그러다가 지쳐서
쓰러진 나는

나는
어둠 속에 잠이 든 고요다

네잎 클로버

행운을 잡기 위해 풀밭을 걸었네
지천에 깔린 것이 행복인데도

네잎 클로버에 눈이 멀어서
세잎 클로버를 보지 못했네

아직은 살만한 세상인데도
좋은 것 널브러진 세상인데도

하는 즐거움에 길들여져서
보는 즐거움을 잃어버렸네

행운을 찾아서 헤매는 나에게
불안이 찾아와 손을 흔드네

조급한 마음에 뛰어 보지만
잡힐 듯한 행운은 잡히지 않고

세잎 클로버만 짓밟고 있네
지천에 깔린 것이 행복인데도

행복을 누리는 게 행운인데도

네잎 클로버에 눈이 먼 나는
오늘도 풀밭을 누비고 있네

하늘우물天井

구름으로 옷 만들고 흑암으로 강보지어
궁창에 가두어 논 빛과 물의 샘이여

빛의 샘 터지면 별빛이 쏟아지고
물의 강보 찢기면 눈과 비 내리네

하늘 땅 소통하는 사람을 만들어
세상을 다스리는 사명使命주시며

생육하고 번성하여 충만하라 하였는데
먹음직도 하고 보암직도 한

지혜롭게 할 만큼 탐스러운 유혹을
이겨내지 못하고 어기고 말았네

문 앞에 엎드린 죄罪 다스리지 못한
에덴에서 쫓겨난 천정부지天井不知 철부지들

천장天障을 만들었네
바벨탑을 쌓았네

하늘을 우러러 빛을 찾는 상인商人들
지붕에 구멍 뚫어 하늘과 소통하네

천정天井에 고인 빛, 마당에 쏟아지네
유려한 빛의 비늘 빗줄기에 묻어서

정원에 떨어지네
연못에 고였네

* 기記 : 문자로 역사를 기록한 나라는 상商나라가 중국 역사상 처음이다. 탕왕湯王은 명조鳴條에서 하夏나라의 주력군을 격파한 후 우왕禹王 때 만들었다는 천자의 상징 구정九鼎을 박(?)으로 옮겨 상나라를 세웠다. 제19대 왕인 반경盤庚은 수도를 박에서 은殷으로 옮겼는데 이곳이 바로 중국 최초의 역사 문헌인 갑골문(상형문자)이 발견된 은허殷墟다. 은허殷墟에서 발굴된 갑골문은 상나라 역사를 기록한 최초의 한자다. 상형문자인 한자의 자원을 풀이한, 중국 후한 때 문자학자 허신이 저술한 설문해자說文解字를 그동안 우리는 이해할 수 없었다. 설문해자는 한자의 기원을 밝힌 현존하는 가장 오래된 문자학 책이다. 성경의 창세기를 읽지 않고는 설명이 되지 않았던 설문해자의 비밀이 갑골문자 발견과 함께 세상에 알려졌다. 셈족인 욕단의 후손이 동쪽으로 이주해 상나라를 건국했고, 이들은 문자를 만들어 하나님의 비밀을 한자 속에 숨겨놓았다. 지금의 하남성 안양현 소둔촌에 위치한 은허는 상나라의 마지막 도읍지다. 일반적으로 상나라를 은殷나라 혹은 은상殷商이라고 부르는 이유도 여기에 있다. 원래 '상인商人' 은 '장사하는 사람' 이란 뜻이 아니었다. 상은 지명이고 상인은 그 지역에 사는 사람을 의미했다. 상은 허난성 정저우鄭州 동쪽 200㎞에 있는 상추시商丘市 남부지역으로, 하나라 우왕을 도와 치수에 공을 세운 설契이 봉읍으로 받은 땅이다. 설의 10대손 왕해王亥는 목축과 함께 장사를 했다. 하나라를 멸하고 은나라를 건국한 탕왕은 왕해의 4대손이다. 은나라를 멸하고 주나라를 세운 주공이 은나라 사람들의 장사를 계속하도록 허용한 후로 장사하는 사람을 통칭해 상인이라고 부르게 된다. 상(商)나라 후손인 휘상徽商들이 건축한 서체촌西遞村의 ㅁ자형 주택은, 하늘에 구멍을 뚫어서(천정 · 天井),. 집 안에 마당을 만들어 논 것과 같은 독특한 구조를 갖고 있다. 밖에 나가지 않고도 낮에는 푸른 하늘과 흰 구름을 바라보며, 밤에는 달과 별을 볼 수 있다. 내리는 눈 · 비 모두 마당으로 떨어진다. 이들에게 비는 금金, 눈은 은銀을 의미, 지붕에 뚫린 구멍을 통해 비와 눈이 마당에 떨어지면 부富가 집에 쌓인다고 여겼다.

햇빛우물陽井

양산陽山 아래 쑥우물(나정・蘿井)
백필白疋 백마白馬 무릎 꿇자

붉은 알 깨고 나온 아이
바로 볼 수 없었네

새, 짐승 춤을 추고
해와 달 청명晴明한 날

세상을 밝게 하는
홍익인간弘益人間 탄강誕降하니

기와지붕 난간欄干삼아
빛의 제단 설치하고

하늘의 뜻 헤아리는
기양제祈禳祭를 드리네

해와 달과 별의 빛
고여 있는 하늘샘

두레박 드리우고
빛을 건져 올리네

* 기記: ㅁ자형 집은 경북 안동에서 흔히 볼 수 있는 가옥 형태로, 대체로 안채를 구성하고 있는 경우가 일반적이다. 외부에서 직접 접할 수 있는 부분은 사랑채이며 안채의 공간을 밖에서 볼 수 없도록 만든 구조다. ㅁ자형 집이 발달한 배경에는 내외를 철저히 가리는 유교적 생활원리가 자리잡고 있다. 남성의 개방적 공간과 여성의 폐쇄적 공간을 하나의 가옥으로 구성함으로써 유교이념을 생활 속에서 실천하고자 했다. 자연채광을 위해 집 중앙에 '햇빛우물'을 만든 양동마을의 가옥 구조는, 상商나라 후손인 휘상徽商들이 건설한 서체촌西遞村의 가옥구조와 비슷하다. 휘상들이 하늘우물(천정 · 天井)이라 부르는 안마당을, 우리는 폐쇄적인 공간에 빛을 끌어들이는 햇빛우물로 봤지만 그들은 천정에 고이는 비를 금金으로, 눈을 은銀으로 생각하고, 비와 눈이 안마당에 떨어지면 부富가 집에 쌓인다고 믿었다.

농다리籠橋

검붉은 지네 한마리

세금천洗錦川을 가로 질러
잠들어 있네

밟으면 꿈뜰거리는데

천년千年의 깊은 잠에서
깨어날 줄 모르네

세금천洗錦川 맑은 물에
씻겨서일까

세월世月의 흔적 찾아볼 수 없는데

검붉은 비늘 위 눈이 쌓이는
농암모설籠巖暮雪

천년千年 지켜온 절경絶景
상산常山의 으뜸이네

* 농다리 - 천년을 이어온 농다리는 충북 진천군 문백면 구곡리의 굴티마을 앞에 있다. 다리를 구성한 돌들은 모양이 제각각이다. 모두 사력암질의 붉은색 돌을 사용했는데 깎거나 다듬지 않았다. 얼기설기 얹어 놓은 것으로 보이지만 강한 물살에도 떠내려가지 않는 과학적 원리와 함께 철학적 뜻까지 담고 있다. '조선환여승람(朝鮮環輿勝覽)'의 기록에 따르면 자석배음양, 즉 음양의 기운을 고루 갖춘 돌을 이용해 고려 때 축조했다고 한다. 28개의 교각은 하늘의 기본 별자리인 28숙(宿)을 응용했고 장마 때면 물을 거스르지 않고 다리 위로 넘쳐 흐르게 만든 수월교(水越橋)형태로 만들어 오랜 세월을 이겨냈다는 것이다. 뿐만 아니라 위에서 내려다보면 마치 지네가 기어가는 듯 구불거리는 모양으로 생긴 다리는 빠른 물살에 견디기 위한 구조다.

죽비소리

산山은 산山이고
물은 물이라기에

있는 그대로 바라보려 했었네

마음을 비우고 바라봤지만

비운 마음 그 자리에
욕심慾心이 터를 잡고

무성茂盛해진 욕망慾望때문에
바로 볼 수 없었네

산山은 산山이고
물은 물이라는데

산山이 산山으로 보이질 않았네
물을 물로만 볼 수가 없었네

적막을 깨뜨리고 죽비소리 들리네
세상만사 공수래공수거世上萬事空手來空手去

점点이 변變하면 우주가 되고
우주宇宙 또한 마침내 공空으로 화化하나니

산山은 산山이고
물은 물이라

세상의 모든 진리 이 말 속에 있나니

산山을 산山으로만 바라보라네
물은 물로만 바라보라네

석대도石臺島

남지나 해海의 거친 파도가
서해바다를 때리며

거친 숨을 토해내는
무창포 해변武昌浦海邊

갑오징어의 하얀 뼈들이
모래톱에 정박해 있다

쪽달을 향해
재잘대던 갈매기

바닷물에 내려앉고

들물에 밀려
황새 울음소리

사라져간 석대도石臺島
좌대座臺만 남아

너울이 된 전설傳說을
기다리고 있다

* 석대도 – 충남 보령시 웅천읍에 위치한 무창포 해수욕장 앞에 위치한 작은 섬인 석대도는 진도와 더불어 한국판 모세의 기적이라고도 불리는 신비의 바닷길로 잘 알려진 곳이다. 옛날 구전에 따르면 아기장군이 죽었을 때 황새가 떼지어 나타나서 슬프게 울었다는 섬으로 돌로 좌대가 놓인 것과 같이 생겼다 하여 석대도라 불린다.

고리산 기슭에서

고리산 기슭
어둠이 깃들자

개구리 우는 소리
뻐꾸기 화답하네

어제 내린 장맛비
쓰러진 국화송이

넘어지면서도
꽃망울 터뜨리네

별들 사라진
물 먹은 하늘 향해

이웃집 누렁이
목청을 뽑고 있네

* 고리산 – 《조선지지자료》에는 "환평산環坪山[언문 : 골이산]은 군북일소면 감로리에 있다."라고 기록되어 있다. 골이산 혹은 고리산의 뜻을 한자로 표기하면 '환산環山'이 된다. 《한국지명총람》에는 환산의 다른 명칭 '고니산古尼山'이 기록되어 있다. 이와 함께 환산 중턱 바위에 '고리' 자국이 있는데 옛날에 이곳이 바다가 되어서 배를 매었다는 전설을 소개하고 있다. 환산 남동사면에는 군북면 환평리 고무실이란 마을 지명도 이와 관련이 있다.

제4부

느릅나무 산발목

계관화鷄冠花

깨어서 망을 보던
새벽 닭 홰를 치네

나라를 넘보던 지네와의 싸움
찢긴 벼슬 선혈이 낭자하네

피 물든 땅 해방의 함성
한 송이 꽃이 되어 장독대에 피었네

나라를 지키는 마음들이 모여
꽃술과 꽃술이 주름으로 연합

자주색 벼슬을
곧추세웠네

아직도 넘보는 지네 있다며
경종警鐘을 울리는 추상같은 기개

삼복 더위와 초겨울 무서리도
계관화 붉은 열정 꺾을 수가 없네

느릅나무 산발목散髮木

– 호태왕릉好太王陵의 비가悲歌

평나平那를 침범해 우거右渠를 멸하고
한사군漢四郡 설치하려는 한무제漢武帝 유철劉徹의 꿈
고두막한高豆莫汗 가로 막혀 이룰 수가 없었네

전투에서 패한 장수 목을 베어 징벌하고
우거 살해 협력한 번조선番朝鮮의 배신자를
제후諸侯로 봉奉하고 귀국한 한왕漢王 유철

이 사실 지켜본 사기史記의 사마천司馬遷
한사군漢四郡 지명地名을 기록할 수 없었네

대동아공영권大東亞共榮圈 목청을 높이면서
사코 가게노부酒勾景信 밀파한 일본의 전쟁광들
광개토대왕비 훼손해 역사를 날조했네

역사를 왜곡한 일본의 군국주의軍國主義
예전에 다스리던 땅 회복한단 이유로
임나일본부설任那日本府設 근거해 조선을 병탄竝呑했네
조선을 침탈侵奪했네

우이嵎夷 땅에 나라 세운 고주몽朱蒙의 붉은 꿈
해를 향해 날아오른 삼족오三足烏의 붉은 꿈
동북아 호령하던 고구려의 붉은 꿈

13세에 태자 책봉, 17세에 왕이 돼
영락永樂 연호年號 사용한 호태왕好太王 광개토
거란을 공략한 후 동부여를 정벌하고

후연後燕을 공격하여
광활한 고조선古朝鮮 옛 영토 회복했네

신라를 침범한 왜구를 격퇴하고
관미성關彌城을 함락시킨 광개토廣開土
39세 젊은 나이 세상을 하직했네

고조선 고토에 설치하려던 한사군漢四郡
한무제漢武帝 못 이룬 꿈 이루려는 중국인들

동북공정東北工程 책략으로
역사 왜곡하는 동안

임나일본부설 믿고 싶은 일본인들
군비 증강 획책하고 발톱을 세우네

자국이익 보호 위한 주변의 열강들
호시탐탐 한반도를 노리는데

남과 북은 분단돼 대치하고 있는데
남마저 분열되어 하나 되지 못하네

잡초 잡석 널브러져 황폐한 호태왕릉好太王陵
차마 볼 수 없어 눈 뜨고는 볼 수 없어

머리 풀어헤친 산발목散髮木이 되었네
호태왕릉 지키는 시위侍衛가 되었네

만주벌판 호령하던 우리의 개토대왕開土大王
호태왕 그리워 환생하는 고구려민

대왕 앞 시립하는 느릅나무 되었네
대왕릉 지키는 수호목守護木이 되었네

무궁화無窮花 * 1

한여름 뙤약볕에
얼굴을 드러내며

백일百日동안 피고 지는
겨레의 꽃, 무궁화無窮花

뜨는 해 기원祈願하며
꼭두새벽 피어나서

하루뿐인 영화榮華를
스스로 누리네

햇덧에 잠이 드는
짧디짧은 삶 속에

천년千年이 하루 같은
무궁無窮함이 배어 있네

날마다 죽는 몸
서러울 법法 하건만

날마다 새로워지는 꿈
반만년半萬年을 이어왔네

해 돋는 근역槿域땅에
아름다운 목근화木槿花

붉고 하얀 꽃술 속에
민족民族 얼이 살아 있네

무궁화無窮花 * 2

새벽 이슬로 낯을 씻고
햇귀의 붉은 기운 들이켜니

빛나는 청정淸淨함은
고운 아침朝鮮 빛이 되네

뜨는 해 바라보며 활짝 핀 얼굴

내일來日은 내 것이 아니라며
오늘을 불 사르네, 진력盡力을 다하네

내일來日은
새로 피는 꽃에게 맡기니

날마다 새로워지는 변화變化 속
영생永生이 있네, 진리眞理가 있네

'아침에 득도得道하면
저녁에 죽어 여한餘恨없다' 는

군자君子의 깨달음
꽃이 되어 피어났네

삼동三冬에 꽃피우란
황제皇帝의 명命 거역한

훈화초薰華草 굳은 기개氣槪
목근화木槿花가 되었네

군자국君子國에 만발하는
무궁화無窮花 되었네

무궁화無窮花 * 3

속취俗臭와 요사妖邪
망집妄執과 오만傲慢에 사로잡혀
흐드러진 자태姿態 자랑하던
화사한 벚꽃과 요염한 장미薔薇
화려한 꽃잎 흩날리자
미련만 남아 난분분亂粉粉하는데

삼동三冬을 견뎌낸 순화舜華
봄바람 살랑거려도
흔들리지 않더니
한여름 뙤약볕에 기개氣槪를 드러내며
자미수紫薇樹 벗 삼아
환한 얼굴 드러내네

그믐과 초승을 볼 수는 없지만
잠들기 전前 단정하게 오무린 꽃송이들
세상의 모든 업業
가슴에 묻어두고
꽃받침 남겨둔 체
미련없이 떨어지네

천년千年을 산다는 소나무도
결국은 흙으로 돌아가는데
스스로 영화榮華를 이룬다는
하루뿐인 목근화木槿花
날마다 새로워지니
그 끝이 무궁無窮하네

무궁화無窮花* 4

피고 지네 피고 지네
영원토록 피고 지네

피고 지는 것만 바라보면
인생의 덧없음 노래할 법 하지만

끊임없이 이어지는
무궁한 파동소리

영원한 생명이 숨 쉬고 있다네

햇귀 따라 태어나서 햇덧에 지지마는
천지인天地人 삼재三才를 삶으로 실천하네

다섯 갈래 갈라진 늘 푸른 잎사귀와
아름답게 어우러진 다섯 장의 꽃잎파리

수水, 목木, 화火, 토土, 금金
천지조화 상징하는 오행五行이 담겨 있네

피고 지고 피고 지는 무궁한 순환 속에
어둠을 모르는 순결한 마음과

잠들 수 없는 경이로움, 꽃으로 피어나네

피고 지네 피고 지네
영원토록 피고 지네

피고 지는 것만 바라보면
인생의 덧없음 노래할 법 하지만

끊임없이 이어지는 무궁한 파동소리
영원한 생명이 숨 쉬고 있다네

무궁화無窮花* 5

1만 6천 해를 일 년一年으로 살아가며
삼천리三千里 금수강산錦繡江山 울타리 되고 싶어

봄비습 차려입은 화사함 버리고서
하루 해 바라보는 일편단심一片丹心 택하였네

사백칠십팔 번의 크고 작은 전쟁戰爭 속에
찬란한 백의민족白衣民族 오천 년을 이어왔네

100여 년 전 한반도韓半島에
열강列强들의 힘 겨루기

청일전쟁淸日戰爭, 노일전쟁露日戰爭
한일강제병합韓日强制倂合 이유였네

조미수호통상조약朝美修好通商條約도
국익國益 앞에 소용없고

미국美國의 묵인默認 아래
한일강제병합韓日强制倂合 강행했네

개화라는 미명 아래 창씨개명 강요强要받고
말과 글을 빼앗긴 인고忍苦의 36년

히로시마, 나가사키, 원자폭탄 투하되자
스탈린의 붉은 군대 북한 땅에 진주했네

일본군의 무장해제, 38선을 그어놓고
미국과 소련이 분할점령 하였네

소련과 중국이 우호동맹 체결하자
북한의 김일성 적화통일 꿈을 꾸네

한반도를 배제한 에치슨라인 공표되고
대한군사원조법안 미하원에서 부결되자

스탈린의 허락받은 북한군이 남침하여
동족상잔 한국전쟁 3년 동안 계속됐네

중공군의 참전으로 통일은 무산되고
스탈린의 사망으로 일본증시 폭락했네

식민지 수탈했던 패전국 일본경제
전쟁물자 조달하여 폐허에서 일어섰네

“미국만 믿지 말고 소련에 속지 말라
중국은 의뭉하고 일본은 일어선다”

외치던 선구자, 말달리던 선구자
훈화초薰華草로 피었네, 번리초藩籬草가 되었네

1만 6천 해를 일 년一年으로 살아가며
삼천리 금수강산 울타리 되고 싶어

봄비슴 차려입은 화사함 버리고서
뙤약볕에 피어나는 무궁화無窮花가 되었네

* 기記 : 중국 진晋나라의 사마표司馬彪는 “무궁화는 1만 6천 해를 일 년으로 삼는다. 일명 순춘蕣椿이라고도 한다(木槿也 以萬六千歲一年 一名蕣椿)"고 하였다. 여기에서 춘(椿, 참죽나무)은 장수長壽를 상징하는 나무다. 《장자莊子》에 “춘椿나무는 8천 년을 봄으로 하고 8천 년을 가을로 한다"라는 기록이 있는데 이를 인용하여 무궁화의 화기가 길다는 것을 상징적으로 표현하고 있다.

봉선화鳳仙花 · 1

해말간 꽃대에 봉황鳳凰이 날아들어
수줍음에 배인 교태 봉선화鳳仙花가 되었네

봉실봉실 봉선화 장독대에 피는 날
누이의 예쁜 손톱 고운 빛 물이 드네

붉은 꽃잎 속잎 찧어 명반가루 섞어서
섬섬옥수纖纖玉手 손톱눈을 헝겊으로 동여 놓고

3~4일 지나자 붉은 손톱 되었네
성성혈猩猩血 우러나와 봉선화 물들었네

첫서리 기다리는 누이의 가슴에
사랑이 물들었네, 봉실화가 피었네

봉선화鳳仙花 · 2

삼복三伏더위 이기지 못해
겨드랑이에 꽃자루 숨기고

우아한 매발톱
우뚝 세운 봉황새

보송보송 솜털 무성한 씨방
관管다발 그물맥脈 따라

복음福音이 들어왔네
사랑하기 시작하네

연초록 씨주머니
갈색으로 변하자

충만한 씨방 속에
역동逆動하는 복음福音의 씨

씨방껍질 두드리네
구원救援의 문 두드리네

툭 하고 건들면,
복음福音이 쏟아지고

툭하고 건들면
사랑을 쏟아내는

성질 급한 급성자急性子
시간이 없다 하네, 시간이 급하다네

무화과無花果

먹음직도 하고 보암직도 한
지혜롭게 할 만큼 탐스럽기도 한

선악과善惡果 따먹자 눈이 밝아져
발가벗은 모습을 알게 되었네

무화과 이파리 치마 만들어
벌거벗음 가렸네 부끄러움 가렸네

꽃 피고 열매 맺는 하늘의 조화造化
벌거벗음 그대로 아름다움인 것을

설렘 가리자 사라진 아름다움
무성한 이파리 꽃잎이 보이잖네

나뭇잎 겨드랑이 움솟는 꽃자루
아름다움 보이잖네, 꽃술이 보이잖네

꽃자루에 숨겨진 은화隱花꽃차례
암꽃의 화피열편花被裂片 씨방이 자리잡고

암술 수술 이어주는 중신아비 누구일까?
탈바꿈도 하지 않는 좀벌레 있었네

벌거벗음 그대로 아름다움인 것을
깨닫고 의식하자 부끄러움 되었네

성스러운 생식기 아름다운 모습을
꽃자루에 숨기고 열매 맺는 무화과無花果

선악과善惡果 따 먹고 옷을 입었네
벌거벗음 그대로 아름다움인 것을

설렘 가리자 아름다움 사라지고
꽃자루 속에서 열매만 익어가네

상사화相思花

난마亂麻처럼 얽힌
생각의 실타래를 풀어
등잔 위에 올렸다

심지가 타오른다

어둠이 녹아
방 안을 밝히는
삼경三更

봉창에 아른대던 바람
달빛 받아
그림자만 남기고 사라진다

등잔불에 흔들리는 고요

밤 하늘에 뿌려놓은
반디의 불빛이
사금파리처럼 반짝인다

반짝일 때마다
그리움으로 피어나는
상사화相思花

어디선가
산새 소리가
적막을 깨뜨린다

선암사 꽃무릇

비에 젖은 여인 잊지 못해
저승길 떠나가며
각혈한 스님

석달 열흘 가슴앓이
이승을 떠돌다
선홍빛 정염情炎 꽃이 되었네

꽃무릇 활짝 핀 도솔천 기슭
단풍나무 무안한지
얼굴 붉히네

무릇, 처염한 자태
꽃무릇 아니면 낼 수 없는 걸
그대 얼굴 붉힌다 해 뉘라서 책망할까?

진달래 꽃

당아
오지 않는 그대
그리움 되어

시방
벌판을 달구는
꽃으로 피어나네

가슴 저민 사연
감당할 수 없어

밤새워
울부짖는
처연한 슬픔

피
멍든
꽃이 되어

피 멍든
꽃이 되어
산등성이 사루네

매발톱 꽃

꽃뿔 안의
연한 꽃잎

수줍어
고개 숙였네

꿀샘 찾는 나비
하늘거리자

꽃뿔을 제치고
고개 드는

매발톱 꽃

꽃잎 지고
열매 맺자

하늘 높이
꽃대궁 치켜드네

들풀

부대끼며
쓰러지는 들풀을 보라

흔들리며
뿌리내린 끈기 있나니

바람 자면
일어나는 생명을 보라

흔들리며 성장하는
믿음 있나니

역경을 극복하는
소망 붙들고

환란 속에 꽃피우는
사랑 있나니

바람 자면
부활하는 풀꽃을 보라

부대끼며
쓰러지는 들풀을 보라

작품해설

사랑을 위한 헌사와 아우라(aura)

| 작품해설 |

사랑을 위한 헌사와 아우라(aura)

— 고산지의 제4시집 《거리》론

채 수 영
(시인 · 문학비평가)

1. 시의 표정 찾기-거울보기

시는 시인의 표정이다. 꾸밀 수 없고 우회가 없는 정신의 내밀한 고백이기 때문에 어떤 계측보다 정확하고 옳다는 점에서 시인이 쓴 시는 곧 시인 자신의 거울을 들여다보는 것과 같은 이치에 접근한다. 왜냐하면 시는 곧 시인의 정신을 나타내는 온도계이고 정직한 삶의 표정이 담겨지기 때문이다. 물론 시적 장치-비유에의 은유 혹은 직유나 상징 혹은 역설 등의 장치를 통해서 의식을 기록하기 때문에 아주 정밀한 심리적인 현상이 나타나게 된다. 물론 시인은 시적 장치를 통해서 항상 낯설게하기라는 장치를 가동하지만, 시의 특성을 열어보면 거개가 자기를 나타내는 방법에서 벗어나는 것이 아닌 진실성에 무게를 갖는다.

자기를 꾸미는 것 혹은 과장하는 것과 진실성은 다르다. 진실한 삶의 바탕 위에서 시의 요소로써 의상을 입는 방법을 갖출 때, 그의 시는 진솔성에 감동이 따라온다. 이런 기저基底위에서 시는 곧 그 시인 자신을 나타내는 그림과 다름이 없다. 시인이자 칼럼니스트 그리고 수필 등 다양한 문학 섭렵涉獵의 결과물인 高山芝의 네 번째 시집 《거리》에는 다양한 삶의 이력이 출몰한다. 한 권의 시집에는 시인의 전 삶이 투영되었기에 종합 전시장으로 역할이 나타난다.

시인이 시집을 출간하는 데는 목적이 있다. 다시 말해서 시인 정신의 응축凝縮을 나타내는 의도가 있다는 점에서 그의 사상을 보여주는 거울이고 삶의 표정이고 또 과거와 미래를 연결하는 징검다리의 역할이라면 시인은 온 힘을 다해서 자기를 표현한다. 독자가 한 권의 시집을 읽어야 하는 이유가 그런 점에서 타산지석他山之石의 거울보기라는 뜻이다. 다시 말해서 거울 속에 시인의 모습을 독자는 자기화의 거울로 환치換置할 때, 문학적인 감동에 숨은 교훈적인 가치에 다가갈 수 있기 때문이다.

2. 거울 속에는 무엇이 있는가

1) 거리 조정의 삶

시집 제목인 거리(distance)는 삶과 상관을 갖는 개념이다.

가장 가까운 부모나 애인 등의 거리를 위시해서 멀리 사회적 거리에 이르기까지 삶은 곧 거리에 속한다. 이는 관계설정이고 이 한계는 곧 사회생활을 뜻한다. 여기엔 공간空間이라는 영역에서 접촉의 빈도와 경계선의 의미로 한정하는 뜻이 내포 된다. 넓게는 국가라는 경계선을 위시해서 좁게는 집과 집 그리고 개인과 개인이라는 경계는 언제나 그리고 항상 의미로 작동된다. 아울러 경계의 침범은 전쟁이나 이기다툼의 살벌한 싸움도 곧 거리에 따른 자기 지키기 혹은 그런 정리에서 비롯된다. 거리에 대한 정리는 Edward T. Hall의 이론이 가장 유명하다. 4가지를 요약하면 다음과 같다.

1. 친밀한 거리(intimate distance)는 자신과 타인의 사이에 있을 수 있는 가장 근접의 거리로 15㎝에서 30㎝라고 하면서 남녀 간의 관계나 부모 간의 거리를 뜻한다.
2. 사적인 거리(personal distance)로는 보통 30~60내지 90㎝ 정도에 해당되며 대개 친한 친구들 간에 있게 되는 거리를 의미한다.
3. 사회적 거리(social distance) 보통 120㎝의 거리로써 사람들이 사회적 상황에서 맞게 되는 거리를 의미한다. 이 같은 거리에서 상거래나 취직면접 혹은 복도나 길에서 인사하고 지나는 거리를 말한다.
4. 공적인 거리(public distance)는 겨우 대화를 주고받을 수 있는 210~280㎝ 이상의 거리이다. 이에는 사람들의 공

적인 모임 혹은 정원을 낀 정도에서 주고받는 대화를 할 수 있는 거리라고 말한다. 고산지의 시로 인용을 풀어나간다

사람과 사람 사이에는
다가서야만 살아갈 수 있는 거리가 있지요

서로에게 다가가서

모음母音은 모음母音 끼리
자음子音은 자음子音 끼리 어우러져

삶이라는 무대를 연출하지요

먹거리를 가진 자 먹거리를 나누고
일거리를 가진 자 일거리를 나누고

근심거리 가진 자 근심거리 나누면서

어우러져 부대끼며
살아가게 되지요

길을 걷다가
낯선 사람 만나면

서로의 거리를 좁혀가며
필요한 거리를 나누게 되지요

다가가 나누면서
함께 걷는 거리에는

우리들의 꿈이 녹아 있지요
우리들의 삶이 녹아 있지요

– 〈거리〉

거리距離는 접촉에 대한 원근遠近이 작용되면서 사회생활의 일들이 파생되고 또 접촉에 따른 친밀도가 나타난다. 결국 인간의 삶이란 거리를 조정하는 일이고, 이로부터 희로애락의 일들이 파생되고 인연因緣이라는 줄기가 연결고리로 작용하면서 일생을 살아간다. 마지막 시어인 '우리들의 꿈이 녹아있지요. 우리들의 삶이 녹아있지요' 의 파생은 결국 거리의 조정에 따른 일들이 의미역을 형성한다. 이는 '어우러져 부대끼며/살아가게 되지요' 의 생활 모습은 자음은 자음끼리와 모음은 모음끼리의 유유상종類類相從을 이룩하는 의미로 상징성을 갖는다. 물론 자음과 모음이 결합하여 비로소 언어의 기능을 하는 이치를 대입하면 인간의 경우 여자와 남자 또는 해와 어둠이라는 이원성의 결합은 분리가 아니라 자연의 이치이면서 조화를 상징할 때, 비로소 인간의 삶에 대한 무대는 넓고 깊은 유대로 이어질 것이다. 또 다른 예로 접근한다.

나, 거울이고 싶네

숱한 사물 거부하지 않고
보는 대로 보여주는 거울이고 싶네

나, 거울이고 싶네

셀 수 없는 시간 가리지 않고
묵묵히 수용하는 거울이고 싶네

나, 거울이고 싶네

좌로나 우로나 치우치지 않고
있는 모습 그대로 품어주는 거울이고 싶네

티 없이 맑은 명경지수이고 싶네

– 〈거울〉

거울은 자기를 비추면서 자기에 대한 사랑을 돌아보는 자각의 문이 열리는 의미일 것이다. 그러나 거기엔 거리가 파생하지 않는 착각의 상징이 숨어있다. 왜냐하면 거리에 접근은 결코 보이지 않고 또 자기와 만날 수없는 절멸絶滅의 거리가 존재하기 때문이다. 즉 거리가 있는 것 같기도 하고 또 거리가 없는 것 같은 소멸의 장소가 다가오기 때문이다. 아울러 진실을 보여주는 점에서 거울은 나르시스의 슬픔도 있지만 나를 발견하는 거리의 소멸에서 나를 찾는 일이 진행형이 될 것이기 때문이다. 이는 앞에서 말한 접촉接觸이라는 점에서 파생된 거리에의 의혹-자신과 타인에 거리를 두고자 하는 것은 자기를 지키려는 방어기제가 작용한다는 것을 의미한다. 이를 위해서는 인간은 언어의 필요성을 가졌고 유용한 수단으로의 언어는 또 다른 거리의 요소가 되는 점에서 표현에의 명료성과 대화의 문제가 나타난다. 아무튼 고 시인은 거리에서 그의 시적인 무게를 위해 용해하여 사상의 진화를 꿈꾸고 있음이다.

2) 삶의 무게 내려놓기

삶의 무게는 의식意識할 때는 세상에서 가장 무거운 짐이지만 의식을 갖지 않을 때는 가장 가벼운 깃털이 될 수도 있다. 여기서 의식은 얼마나 집중도로 문제 앞에 직면하는 가의 여부에 따른 길이 달라진다는 뜻이다. 다시 말해서 세상에 던져진 존재 혹은 태어난 존재는 자발성으로 태어난 것이 아니라 태어나게 숙명 지워진 존재라는 뜻이다. 하여 세계 내 존재의 문제는 자기 힘으로 되는 것이 아니라 정해진 운명적인 일들이 결정하는 요소일 때 종교는 문을 열고 말을 시작한다.

삶을 어떻게 해야 바른 답안이 될 것인가는 정해진 것이 아니다. 그러나 영원히 답안을 찾아 방황하고 떠돌면서 해답을 위한 기도를 올리는 일이 곧 삶의 모습이라는 점이다. 파도가 진행할 때, 어떻게 파도에 올라타야 하는가? 대답은 여러 가지가 도출될 것이다. 흐름을 이용하는 것은 지혜로 선택하는 파도타기의 방법일 것이다. 적어도 역류의 방법으로는 파도에 결코 이길 수 없기 때문이다. 이를 순리의 방도라 말한다.

나 비록
가진 것 없어도

모든 것 즐기면서
살고 있다네

'괜찮아, 괜찮아' 다짐하면서
거센 세파世波에 몸을 맡기네

바람 불면
바람과 더불어 가고

파도치면
파도에 올라타네

거센 풍랑 두려워

움츠린 사람들

세상 사는 재미
알 수가 없다지만

나 비록
가진 것 없으나

거센 바람 따라
파도에 몸을 싣고

바다 가르는 재미
즐기며 산다네

– 〈파도타기〉

파도를 일상의 삶이라 가정하면 온갖 시련의 목록이 한데 뭉쳐서 다가온다. 자칫 잘못하면 죽음이라는 나락那落에 떨어질 수 있는 위험을 피하는 일은 파도에 대한 성질을 이용하여 올라타는 방법이 가장 현명할 것이다. 물론 살아가는 것은 지혜이기 때문에 어떻게 파도를 이용할 것인가는 스스로 터득하는 점에서 삶은 곧 자기화의 방법론을 가질 때라야 개성으로의 생활이 될 수 있다. '파도치면/파도에 올라타네' 나 '거센 바람 따라/바다 가르는 재미/즐기며 산다네' 에 이르면 고산지의 삶은 달관의 모양이 다가든다. 아마 파도의 속성이나 파도의 이용하는 방법을 알고 있기 때문에 '즐기는 재미' 가 나타날 수 있기 때문이다. 더불어 '괜찮아. 괜찮아' 의 자기 최면을 걸어 스스로를 나아가게 하는 정신의 모둠이 결국 삶의 지혜로 나타나는 것이 고산지의 시적 안도감이자 고달픈 생의 길을 답파踏破하는 모습에 의연해진다.

삶에서 가장 중요한 관계망은 무엇일까? 이에 대한 물음은 여러 가지의 답이 사람마다 다르게 나타날 것이다. 그러나 한 가지로 공통된 의미는 더불어 사는 일 즉 조화調和에 둘 수 있을 것이다. 그런 의미의 시는 〈사랑에 물 들여놓고〉이다.

사랑 때문에 만나서
우리 서로 사랑을 한다지만
내 마음에 당신이 물들지 않으면
한여름 단명短命한 햇볕일 뿐입니다

고통과 시련을 함께 하면서
거친 손, 잔주름에 밴 미운 정 고운 정
서른여섯 해 우러난 새하얀 뭉게구름
찰진 가을볕에 피어납니다

지나온 모진 세월 주마등 같지만
당신은 내 마음에 사랑의 물 들여놓고

천자만홍 빛깔로 사랑의 물 들여놓고

내설악 단풍으로 타오릅니다

– 〈사랑의 물 들여놓고〉

3, 4, 5연을 옮겼다. 바로 조화의 강조이다. 서로가 물이 드는 일이야 말로 사람과 사람의 체온을 하나로 통합하는 가장 쉬운 통합의 이름이기 때문이다. 그렇다면 물이 드는 일은 서로의 관계에서 자기를 최소화할 때, 여분의 공간이 생길 수 있을 것이다. 너와 나의 공간이 협소할 때, 거기엔 투쟁이나 싸움의 아픔이 도질 뿐 서로의 체온을 감지하지 못하는 결말에서 이기적인 파행을 맞게 될 것이기 때문이다. 물론 이타적인 삶이냐 자기적이냐 아니면 종교적인 아가페의 자세인가의 여부에 따라서 삶의 색깔은 다르게 나타날 것이다. 적어도 장삼이사張三李四의 평범한 사람들은 너와 내가 공존하는 삶의 모습일 때, 사회의 바퀴는 잘 굴러갈 수 있을 것이다.

생활에 꿈을 갖는 것도 중요하고, 또 서로 간의 관계에서 위로의 문제 또는 공평성의 생각을 실천하는 일 등 인자因字에 따라 생의 문제는 다른 풍경화를 연출할 것이지만 양보와 헌신 그리고 순리順理를 따르는 것이 가장 시급한 명제일 것이다.

3) 사랑의 명제 찾기

인간은 사랑을 입에 달고 살지만 정작 사랑의 실천에서는 청맹靑盲이라는 점을 지적하게 된다. 왜, 그럴까? 삶이란 공간은 너무 넓고 광대무변하기 때문에 객관화의 방법이 묘연하다는 점을 말한다. 너무 흔한 것은 희소稀少한 것만 못한 이치를 들 수 있다는 뜻이다.

사랑에는 골목길의 어린 사랑에서 부모의 사랑 혹은 이성간의 사랑 등 많은 분류가 가능하지만 정작 사랑의 뜻에는 희생과 헌신이 전제되어야하고 자기를 연소燃燒하면서 타는 불꽃과 같은 이미지를 내세울 수 있을 것이다. 여기서 종교적인 의미의 경건함(piety)과 헌신(devotion)의 명찰을 달아야한다. 왜냐하면 종교의 사랑은 지고성至高性을 목표로 하고 또 경건에서 신과의 대화는 곧 사랑의 전제가 성립되기 때문이다.

신은 인간을 사랑하는 임무를 실천하기 위해 "나를 따르라"는 절대의 신뢰가 성립된다. 만약 절대의 관계가 없다면 의문부호 속에 인간과 신의 공존은 파행의 길을 재촉하기 때문에 인간은 신의 명령을 수행하는 길에 평생을 고개 숙이는 길이 열린다. 이는 곧 구원의 전제가 되기 때문에 사랑 속에서 모든 관계는 진행형을 띤다. 고산지 시인의 시에 가장 많은 빈도의 시는 역시 종교성을 나타낸다. 〈사랑〉, 〈경음화된 사랑의 노래〉, 〈사랑다운 사랑〉, 〈보시기에 좋은 사랑〉, 〈사랑하기 위하여〉, 〈은혜〉, 〈사명〉, 〈습관〉 외에도 많은 시편이 종교적인 색채를 간직하고 있다. 그러나 시인은 항상 갈증을 느끼는 사랑에 목마름을 위해 갈구의 목청이 크다

물은 물이로되 물다운 물이 없네
예나 지금이나 똑 같은 비 내리는데

넘쳐나는 홍수에 마실 물 없어서
타는 목마름 어찌할 바 몰라 하네

사랑은 사랑이로되 사랑다운 사랑 없네
유행가 가락 속엔 사랑이 넘치는데

지천에 깔린 것이 사랑이라 하는데
외롭고 허전한 맘 가눌 길이 없네

마실수록 목마름 더해지는 이치를
움켜쥐면 멀어지는 사랑의 원리를

소음 속에 묻혀버린 세미한 음성을
사람들이 듣지 못해 세상은 모르네

하늘 보좌 버리고 성육신 하신 당신
당신은 날 더러 사랑을 나누라네

나눌수록 넘쳐나는 생수가 있으니
나눌수록 커지는 사랑이 있으니

먼저 손 내밀고 먼저 나누라네
네가 먼저 사랑하고 네가 먼저 나누라네

– 〈사랑다운 사랑〉

앞에서 시인은 사랑의 갈망에 매우 아픔을 갖는다. 즉 '사랑은 사랑이로되 사랑다운 사랑이 없네' 에서 사랑이 흘러넘치는 세상에 말잔치의 시니컬함을 드러낸다. 그렇다. 진실은 항상 희소하고 목마름은 마실 물이 없는 갈증의 생이 어디에서나 흘러넘치는 말잔치일 뿐이다. 이는 진실이 고갈되었음을 의미하고 사막의 넓이는 점차 넓어지는 사회의 모순의 세태가 클로즈업 된다. 그러나 시인의 탄식은 대답을 마련하는 시의 마지막 구절은 위로와 안도감 그리고 길에 대한 방법론이 된다. '먼저 손 내밀고 먼저 나누라네/네가 먼저 사랑하고 네가 먼저 나누라네' 에 정답을 마련하는 뜻이다. 부사 '먼저' 를 실현할 때, 마음을 열어 사랑의 심지에 불을 켜는 일이 시작될 뿐만 아니라 너에게로 전파력을 가질 때, 비로소 세상은 사랑의 충만을 알 수 있게 되기 때문이다.

사랑 받기 위한 사람
세상에 넘치는데

사랑하는 사람은
세상에 부족하네

사람들은 모두들
사랑받기 원願할 뿐

사랑하는 일에는
인색吝嗇하다네

– 〈사랑하기 위하여〉에서

말로서의 사랑이 넘치는 세상이다. 어딜 가나 사랑 타령은 들을 수 있고 또 사랑의 행위가 저질스럽게 보여지는 풍경이 도처에서 많다. 그러나 진실한 사랑에의 갈증은 갈수록 아픔을 준다. 이는 말로만의 사랑-가슴이 없는 사랑의 남발이 주는 상처일 것이다. 이 상처를 치유하기 위해서는 진실이라는 의상衣裳을 걸치고 서로를 바라보는 체온 나누기가 필요한 소이所以가 나타날 것이다. 다시 말해서 위장과 위선의 사랑이 하루아침에 변절의 표정을 남발하는 세상사의 사랑은 이제 구원의 메시지를 깃발로 들어야 한다. 이는 바로 신의 목소리에 귀를 열 때, 비로소 자기 구원에의 길이 만들어지기 때문이다. 자기에 의해 구원을 받고 자기에 의해 승화의 길을 걷게 되는 것이 사랑의 중심이 될 때, 세상은 따스하고 화목한 평화의 메시지가 올 것이라 믿는 시인의 주장은 설득력을 갖는 이유이다. 한 편의 시로 사랑의 진수를 말한다.

믿음의 시루에

소망의 콩을 심고
사랑의 물을 주네

물은 흘러내리는데

떡잎으로 변한 콩
생명을 얻었네

사랑의 힘으로
생명을 얻었네

믿음, 소망, 사랑이
기적을 일구는데

그 중에 제일은
사랑이라네

사랑이라네

– 〈사랑〉

기독교의 진수를 말하는 대목이다. 사랑의 가치는 신의 선물이고 이 선물을 어떻게 소화하는가는 곧 인간의 삶에 길이요, 구원의 목표에 이르는 빛인 것이다. 이 빛이 보이지만 흔들리는 어둠에서 방황하고 떠돌면서 자기를 방기放棄하는 일이 다반사일 때, 혼란의 어둠이 자기를 덮고 또 사회의 모순에 어둠의 깊이에 침잠하게 된다. 이런 사랑의 가치에 시와 그의 삶에 모두를 걸고 호소하는 고산지 시인의 진지함이 아름답다. 고산지 시인의 시적 임무는 여기서 시인의 소명召命이 신으로 향하는 진솔성이 커진다.

4) 친구와 소통

살아가는 길에는 많은 사람을 만난다. 그러나 가장 중요한 인연은 우정을 교류하는 일이 부모와 형제 다음에 있는 우선 목록일 것이다. 만약 친구가 없다면 그의 삶은 고갈된 외로움을 입고 사는 고독한 유형자의 삶일 것이다. "한 사람의 벗을!/ 오, 주여! /또 한 사람의 벗을!/ 수많은 벗을 가지는 자는 /한 사람의 벗도 가지지 못할지니 "는 W.L 클라임의 시에 있는 말이다. 진실한 한 사람의 벗이면 세상은 너무 따스하고 진실이 물결로 출렁이는 기쁨을 가질 수 있다는 뜻이다. 하여 친구의 필요성은 자기를 위한 몫이 된다.

나에게는 죽는 날까지 동행해야 하는
친구가 하나 있습니다

그림자처럼
한 시도 떨어질 수 없는
인생의 동반자입니다

삶을 윤택하게 만드는 디딤돌이지만
때로는 앞길을 가로막는 걸림돌입니다

결단과 의지력에 힘입어
성공의 동력이 되기도 하지만
때로는 나를 파멸로 이끌기도 합니다

(생략)

단호하게 통제하며
길들여진 친구와 함께
남들이 가지 않는 길을 지금 가고 있습니다

– 〈습관〉에서

친구는 인생의 길에 동반자 혹은 비판자일 때, 가장 좋은 이름을 얻을 수 있다. 논어에 익자삼우益者三友 손자삼우損者三友 역시 충고와 비판을 할 줄 아는 것과 필요성의 궤軌를 같이 한다. 영국의 속담에 "친구의 실책에는 눈을 감으라. 그러나 악덕에는 눈을 감지 말라"는 말에 서로 상통하는 것은 동서양을 막론하고 좋은 결과로 살아가기 위한 고언일 것이다. 전자의 강조는 성공의 동력을 조언하는 말이지만 후자일 경우는 파멸이 곧 죄악의 어둠에 잠길 수 있다는 말이다. 그러나 좋은 친구를 만나기 어려운 것은 자기 성찰이 부족함이고 자기를 진정으로 사랑할 때는 비판을 수렴하는 정신이 살아있을 때, 비로소 가능한 예화일 것이다. 참된 사랑이란 고언苦言에 담겨진 진주와 같은 의미일 것이며 곧 진정한 우정의 이름일 것이다.

시는 이미지의 구축이다. 이미지는 세 가지로 분류한다. 시인이 원래 작품 속에 표현 하고자 하는 의도적 의미(intentional meaning)와 작품 속에 실제로 표현된 실제적 의미(actual meaning) 그리고 독자가 해석한 의미(significance)로 나뉘지만 셋은 일치하는 것은 아니다. 한용운의 님을 조국, 임 그리고 부처님으로 각기 해석하는 이치와 같다. 시는 ambiguity(애매성)를 본질로 삼는 것과 같기 때문이다. 〈습관〉이 자아에 따라오는 분리할 수 없는 그림자라면 실제의 친구는 〈친구 · 2〉에 구체화된다.

해닥사그리 한 친구 그리워
청계천 뒷골목 찾아갔네

우럭우럭한 그 모습
소주잔에 띄워놓고

지난 날 함께 마신 정겨운 유희遊戲
간잔지런 그 얼굴 눈에 선하네

거나하게 취한 그는 얼근덜근 거리네

어깨동무하고서
골목길을 걷던 친구

해말간 그 친구
지금은 볼 수 없네

시신屍身을 기증한 후
장례조차 거절했네

그가 쓴 시詩만 남아
술잔 위를 넘실대네

– 〈친구2〉

과거 시인과 함께 동인 활동을 했고, 지난 시절 긴급조치에 악명 높은 남산 안기부와 서소문 보안사 분실에서 조우遭遇한 각별한 친구 박영웅 시인의 정이 시인의 가슴에 새겨 있어 그리움을 부추긴다. 시대의 곤고困苦한 아픔을 함께 했고, 지울 수 없는 추억이 청계천변 허름한 술집에서의 소주 잔 위에 파문으로 어른거리는 회상이 슬픔으로 일렁거린다.

술에 취하면 친구의 모습은 더욱 심성의 본질을 만나게 된다. '어깨동무'로 골목길을 걷던 시절 – 그 친구는 '지금은 볼 수 없네'에서 애잔한 심사에 곧고 깨끗한, 투명의 우정이 새삼 그리운 물살로 다가들 때, 친구의 시詩만이 남아 위로의 목록으로 기억을 새롭게 한다.

어둠에서 불빛을 보면 누구나 안도감을 갖고 그곳을 향하는 일광추향행동이 예비된다. 빛은 곧 생의 양지이고 이를 추구하는 것은 올바른 진리의 추구와 같다는 뜻이 담겨졌다는 의미이다.

나, 주 안에서 빛이라

세상을 밝히는
빛의 자녀 되었지만

나 혼자선
선善을 행할 수가 없네

등잔없인 등불을
켤 수 없드시

심지 없인 등잔불을
켤 수가 없네

– 〈등잔불〉에서

시인의 생각은 오로지 주 안에서 생각하고 생활하고 또 삶의 지표指標를 둘 때, 그의 시는 빛나는 영지를 찾아가는 발길이 뚜벅거린다. 이는 주님을 친구로 생각할 수도 있고 더 높은 이름으로 설정할 수도 있지만 친구–가장 가깝고 친근함을 준다. 때문에 고산지 시인의 시는 주 안에서 오로지 사고의 넓이를 개척하는 일이 헌신으로 나타난다.

인간은 어딘가 의지할 수 있을 때, 비로소 인간의 길이 나타난다면 고 시인은 주의 모든 거치를 잇대는 삶의 모습이 환하게 빛나는 등불-심지心地의 역할로 주로 형상화 된다. 여기서 시인은 인간의 주님에 대한 경외가 시의 심도를 더하는 빛이 난다. 스스로 등불을 켜는 자발성이기 때문이다.

5) 역사 인식과 꽃의 이미지 구축

역사인식은 곧 살아있음을 깨닫는 행위라면 고산지 시인은 무궁화에서 우리의 역사를 유구한 높이까지 천착穿鑿하는 수고로움이 꽃으로 상징된다. 왜냐하면 무궁화는 곧 우리의 꽃이자 나라를 뜻하기 때문이다. 다시 말해서 역사인식이자 민족의 자존을 추구하는 정신이 공고함을 의미한다. 꽃의 상징은 곧 우리의 길로 이어지고 이 꽃의 고귀성은 민족의 자존으로 길을 내기 때문에 상징으로 꽃은 곧 우리 자신을 형상화하는 의미에 가깝다. 이는 반만 년의 긴 시간을 이어왔고 또 앞으로 이어질 숙명의 이름과 함께하는 꽃-단순한 의미의 꽃이 아니기 때문이다.

날마다 죽는 몸
서러울 법法 하건만

날마다 새로워지는 꿈
반만 년半萬年을 이어왔네

해돋는 근역槿域땅에
아름다운 목근화木槿花

붉고 하얀 꽃술 속에
민족民族 얼이 살아있네

– 〈무궁화〉에서

꽃에 혼을 투영하는 것은 상징이 갖는 장치이다. 그러나 이 장치 속에 다시 혼을 담아놓을 때, 살아 영원으로 흐르는 길이 만들어진다.〈무궁화1~5〉의 연작시는 바로 민족애를 표현하려는 시인의 역사인식이다. 영원을 이끌고 당도할 목적지는 아득하지만 민족사의 부침에 따른 아픔도 감내하면서 미래로 길을 내는 일은 우리들의 숙명이자 당도한 꿈의 이름이다. 때문에 나라를 사랑하고 민족을 동열에 놓는 것은 조국을 사랑하는 정신의 높이 세우기라는 점에서 무궁無窮해야 하는 뜻, 곧 민족의 자존심을 치켜세우는 일이면서 또한 시인의 소중한 임무로 보인다.

고산지의 시에는 꽃에 대한 언급이 많다.〈무궁화 1~5〉와 〈봉선화1~2〉, 〈무화과〉, 〈상사화〉, 〈선암사 꽃무릇〉, 〈진달래 꽃〉, 〈매발톱 꽃〉, 〈들풀〉등으로 정서를 압축하고 있다

부대끼며
쓰러지는 들풀을 보라

흔들리며
뿌리내린 끈기 있나니

바람 자면
일어나는 생명을 보라

흔들리며 성장하는
믿음 있나니

역경을 극복하는
소망 붙들고

환란 속에 꽃피우는
사랑 있나니

바람 자면
부활하는 풀꽃을 보라

부대끼며
쓰러지는 들풀을 보라

– 〈들풀〉

김수영의 꽃의 이미지를 닮고 있다. 넘어지면 일어나고 바람이 지나면 다시 일어서는 이미지가 들풀의 생리이면서 이를 사람으로 바꾸면 끈질긴 생명력을 상징한다. 이는 곧 승리자의 원인이고 이 동력이 곧 삶의 길이라 해석하면 승리는 예약된다는 가정법이 현실화될 것이기 때문에 승리의 예약이 다가온다. 고 시인은 이런 정신의 깊이를 그의 시에 담고 있어 맛깔스런 정취를 나타낸다. 이는 정신이 갖는 개성이자 시적인 묘미에서 달성된 의도의 승리일 것이다. 들풀이 갖는 상징은 개인의 상징이자 민족의 에너지를 승화할 수 있는 동력이라는 점에서 고귀한 시적 장치일 것이다.

3. 거리에서 다시 의식의 깊이로

모든 시에는 맛이 있다. 이 추상적인 표현을 바꾸어 말하면 흔히 어머니 맛이라 부르는 느낌은 시에서도 적용된다. 다시 말해서 어머니의 손맛은 곧 구수하고 애정이 담겨있고, 또한 따스함을 간직한 의미를 일컬을 것이다. 고산지의 제4시집은 그런 느낌을 강조하게 된다.

거리距離의 미학이 주요 목록으로써 시적 바탕에 깔고 시적 여정은 매우 진지하고 숙연함을 강조한다. 이는 그 바탕에 사랑을 주요 모티브로 삼고, 여기서 삶의 진지성이 아름다움을 추구하면서 멀리 손짓을 보낼 때, 독자는 안도감을 느끼어 시적 뉘앙스에 접근하면서 그의 손짓을 따라가게 된다. 이는 안도감을 넘어 기쁨을 주는 요인을 갖는다.

삶에 대한 성찰은 진솔함에서 성실의 목록이 나타나고 우정의 목록에서 끈끈한 정감이 유난하다. 역사인식은 무궁화로 무한한 역사적인 시간을 강조하면서 미래의 길이 강조점으로 보인다. 꽃에 대한 관심은 시의 화장끼를 더욱 윤나게 하는 묘미로 작동되면서 그의 의식이 지향하는 아름다움의 추구와 맞물리는 정서의 표정이 향기로 환치된다.

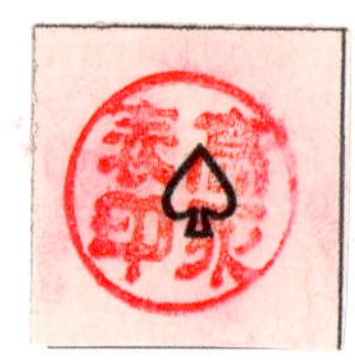

계간문예시인선 128
고산지 시집_ 거리

초판 인쇄 | 2018년 2월 22일
초판 발행 | 2018년 2월 28일

지 은 이 | 고산지
회 장 | 서정환
발 행 인 | 정종명
편집주간 | 차윤옥

펴낸곳 | 도서출판 계간문예
편집부 | 03132 서울 종로구 삼일대로 30길 21 종로오피스텔 808호
주소 | 03132 서울 종로구 삼일대로 32길 36 운현신화타워 305호
전화 | 02-3675-5633, 070-8806-4052
팩스 | 02-766-4052
이메일 | munin5633@naver.com
등록 | 2005년 3월 9일 제300-2005-34호
ISBN 978-89-6554-176-9 04810
ISBN 978-89-6554-118-9 (세트)

값 10,000원

잘못 만들어진 책은 바꾸어 드립니다.

이 도서의 국립중앙도서관 출판예정도서목록(CIP)은 서지정보유통지원시스템 홈페이지(http://seoji.nl.go.kr)와 국가자료공동목록시스템(http://www.nl.go.kr/kolisnet)에서 이용하실 수 있습니다. (CIP제어번호: CIP2018006218)